信息化与经济社会发展研究辑刊（第2辑）

——互联网＋经济转型与文化传播创新研究

陈畴镛　主　编
辛金国　副主编

科学出版社
北　京

内 容 简 介

"互联网＋"代表一种新的经济形态，即充分发挥互联网在生产要素配置中的优化和集成作用，将互联网的创新成果深度融合于经济社会各领域之中，提升实体经济的创新力和生产力，形成更广泛的以互联网为基础设施和实现工具的经济发展新形态。利用互联网优势，加快促进传统产业转型升级和提质增效，并通过融合发展培育新业态和新增长点。本书由14篇论文组成，是围绕互联网＋、经济转型与文化传播创新进行相关研究取得的成果。

本书适合从事经济管理的相关实践与研究人员参考阅读。

图书在版编目（CIP）数据

信息化与经济社会发展研究辑刊：互联网＋经济转型与文化传播创新研究．第2辑／陈畴镛主编．－北京：科学出版社，2015

ISBN 978-7-03-046963-2

Ⅰ.①信… Ⅱ.①陈… Ⅲ.①信息化－关系－中国经济－经济发展－研究 Ⅳ.①G202 F124

中国版本图书馆 CIP 数据核字（2015）第 312287 号

责任编辑：魏如萍　马　跃／责任校对：景梦娇
责任印制：霍　兵／封面设计：蓝正设计

科学出版社 出版

北京东黄城根北街 16 号
邮政编码：100717
http://www.sciencep.com

三河市骏杰印刷有限公司　印刷

科学出版社发行　各地新华书店经销

*

2016年3月第 一 版　开本：787×1092　1/16
2016年3月第一次印刷　印张：11 3/4
字数：279 000

定价：62.00 元

（如有印装质量问题，我社负责调换）

目　　录

信息产业集群发展的国际经验及对杭州的启示

陈畴镛　　王　雷

（浙江省信息化与经济社会发展研究中心，浙江，杭州，310018）

摘　要　美国硅谷、印度班加罗尔和中国台湾新竹这些国际上知名的信息产业集群，以人才聚集为核心资源，以风险资本大量注入为基本动力，以全面整合大学、科研机构、中介服务体系的创新系统为关键要素，以良好的服务平台和环境条件为重要保障，以有效的政府引导和扶持为坚强支撑，实现了从快速崛起到持续创新，从规模化发展向功能化发展的成功转变。这些典型产业集群积累的发展经验，对中国信息产业集群发展具有重要的启示。本文以这些经验为借鉴，提出了促进中国杭州信息产业集群加快发展的策略。

关键词　信息产业集群；国际经验；借鉴启示；发展策略

中图分类号：F4　　文献标识码：A

一、国际典型信息产业集群发展特点

（一）美国硅谷

信息产业作为知识密集型、技术密集型产业，产业链的完整性和市场反应速度至关重要。由于考虑其技术经济特性与加快市场反应能力，信息产业的上游企业和下游企业大多集中在一起，形成信息产业集群。硅谷信息产业集群从斯坦福工业园的建立起步，现在已发展成为全球最具创新能力和活力的电子信息集聚区。硅谷信息产业集群发展主要有以下特点。

(1)高度的市场化运作与必要的政府引导支持有机结合。硅谷的形成和发展是市场化的产物,企业通过市场化运作实现自主创新的高技术成果产业化。政府很少直接介入,而是通过制定各种适当有效的政策措施和完善法律制度来推动硅谷企业的成长,包括为新成立的企业免费(或只收少量租金)提供临时工作场所,为企业家免费提供培训,制定法律允许大学、研究机构、非营利机构和小企业拥有联邦资助发明的知识产权等。

(2)雄厚的风险资本和良好的融资环境为创新型企业的发展创造了条件。风险投资是现代电子信息产业发展的催化剂,美国风险投资规模占世界的一半以上,而硅谷地区吸引了整个美国约 35％的风险资本,美国大约有 50％的风险投资基金都设在硅谷。风险投资和硅谷地区的发展形成了一种相互促进的良性循环机制,英特尔公司、苹果公司等知名企业都曾依托风险投资实现快速发展。

(3)大学、科研机构与企业间的密切联系促进了产业的创新和发展。硅谷非常注重产学研的结合,大学紧密结合产业发展和企业需求进行技术创新和人才培养。硅谷除了拥有斯坦福大学、加州大学伯克利分校等著名研究型大学外,还有多所专科学校和技工学校,以及 100 多所私立专业学校。这些学校特别注重新理论、新结构、新工艺的研究与开发,而且它们与企业共同建立研究所,共同研究新技术、开发新产品,彼此之间的联系非常紧密。它们之间的合作,不仅有助于科研成果的迅速转化,而且有利于为企业培训技术和管理人才,达到双赢的结果。更为重要的是,许多大学和科研机构人员直接投资兴办企业。据估计,硅谷之中由斯坦福大学的教师和学生创办的公司达 1 200 多家,占硅谷企业的 60％～70％。硅谷目前有一半的销售收入来自斯坦福大学的衍生公司。此外,斯坦福大学还通过制定产业联盟计划,来促进研究人员、院系之间以及大学与外部企业的合作,进一步发挥大学在地区发展中的作用。

(4)完善的中介服务体系促进了各种创新要素的整合和技术创新能力的提升。硅谷的中介服务主要包括人力资源机构、技术转让机构、会计、税务机构、法律服务机构、咨询服务机构、猎头公司以及物业管理公司、保安公司等其他服务机构,如硅谷的技术转让服务机构是由大学的技术转让办公室和技术咨询、评估、交易机构组成的,其主要的工作是将大学的研究成果转移给合适的企业,同时把社会和产业界的需求信息反馈到学校,推动学校与企业的研究合作。行业协会也在产业发挥了重要作用,如生产协会积极与州政府配合为地区发展解决环境、土地使用和运输问题;西部电子产品生产商协会为产业界提供管理讨论班和其他教育活动,并鼓励中小规模公司之间合作;半导体设备和原材料协会为半导体芯片技术标准的统一做出了重要贡献。

(5)人才引进和激励机制是技术创新和产业发展的重要保障。硅谷是海外科技人才集聚创业最集中的地区，为了吸引高端人才，美国政府采取了一系列措施，包括：①招收留学生培养后备人才；②通过研究机构招聘国内外著名科学家；③企业利用平台大量引进人才；④联合攻关或企业外迁借用人才；⑤实施 H-1B 短期签证计划，放宽对移民的限制以吸引留住人才，特别是大力放宽对高技术人才及其家属移民的限制；⑥为有突出贡献和成就的科技精英提供优厚的物质和生活待遇，创造良好的研究开发、创新的条件和环境。硅谷企业都采用股票期权的激励形式，使公司高级经营管理人才、研究与开发人才的利益与企业的长远利益紧密结合起来。此外，硅谷还有技术配股、职务发明收益分享等灵活多样的人才激励机制。

（6）大量创新能力强的中小企业是硅谷创新活动的主体。硅谷作为高科技产业的集聚中心，具有勇于创业、宽容失败、崇尚竞争、讲究合作、容忍跳槽、鼓励裂变（spin off）的独特文化，催生了大量创新能力强的中小企业，它们是硅谷创新活动的主体。勇于创业、宽容失败激发了员工大胆尝试、勇于探索的创新热情；崇尚竞争使人们既着力于自身能力和水平的不断提高，又注重在竞争中向对手学习；讲究合作使硅谷形成一种拿与给的双向知识交流氛围；容忍跳槽、鼓励裂变则有益于技术扩散和培养经验丰富的企业家。此外，政府也通过扶持政策培育中小企业发展。例如，法律规定在政府采购中，10 万美元以下的政府采购合同要优先考虑中小型企业，并给予价格优惠，其中，中型企业价格优惠幅度在 6% 以下，小型企业的优惠幅度不超过 12%，同时联邦政府采购合同金额的 20% 必须给小企业。此外，地方政府还对硅谷高科技公司提供全年 365 天，每天 24 小时的特别服务，为当地创造优质的生活环境。

（二）印度班加罗尔

1992 年，印度政府在班加罗尔正式设立国家级软件技术园区，科技园核心区面积为 1.5 平方千米。截止到 2015 年，班加罗尔俗称"印度硅谷"，在此创立的高科技企业达到 4 500 家，其中 1 000 多家有外资参与，它已成为全球第五大信息科技中心，被 IT 行业的业内人士认为已经具备了向美国硅谷挑战的实力。不仅有印度知名的 Infosys 公司，还创造了印度的"比尔·盖茨"——普雷吉姆，有 131 家国际大型 IT 公司在此落户。班加罗尔的主营业务已经从软件开发附加值低的编码环节转向利润更高的整体客户解决方案，力图在软件开发价值链中获得更大的价值份额。班加罗尔的成功主要有以下特点。

（1）国际化运营管理模式。印度政府为了获取更多的国际订单，采取了现场开发和离岸开发两种运行模式。一方面，在本国建设具有世界水平的软件开发配套环境，让国外跨国公司与本国软件企业合作在印度建立软件开发中心，推进软件企业的国际化进程；另一方面，鼓励本国软件企业在海外(尤其是在硅谷)设立分支机构，把开发人员派送到用户身边提供服务，在班加罗尔科技园区和硅谷之间建立起"桥梁"或"网络"，并通过卫星使美国和印度两地的开发人员24小时连续协同工作。

(2)完善的技术创新体系。经过20年的发展，园区形成了以企业为中心完善的科技研发系统。众多软件企业集聚园区，集群效应使人才、科技成果、资金等要素重新配置、优化组合，提高了整个集群的创新能力。园区还聚集了印度国家科学院、尼赫鲁科研中心、拉曼研究所、天体物理研究所等一批大型科研机构，拥有印度理工学院等七所知名大学，以及一些高等专科学校和高等职业学校。

(3)大量的科技人才集聚。班加罗尔地区高校密集，每年可为社会输送3万名计算机和软件工程技术人才，其中1/3的是信息技术人才。印度与美国硅谷之间存在着密切的人员联系和企业合作。20世纪60年代以来，印度政府输送了大批高素质人才到美国等发达国家留学，培养和储备了大量的科学技术人才。目前，班加罗尔还汇聚了大量"海归"人员，他们为印度带来了充足的资金和尖端的技术。班加罗尔十分注重信息技术人才的培养，主要有三条培养途径：一是公立学校培养，主要依靠当地大学的理工学院和研究机构培养；二是民办或私营的各类商业性软件人才培训机构培养；三是软件企业自己建立培训机构培养，计算机职业教育培训机构遍布整个城市，形成了产业化的IT职业教育。

(4)关注服务创新与服务价值链升级。班加罗尔软件科技园注册为独立的自治机构。软件科技园的主管拥有强大的权力，他们有意识地像"朋友、哲人和向导"一样为产业提供服务。从2005年以来，印度软件服务在不断向规模和领域扩展的同时，向知识软件服务过渡的速度逐渐加快。软件服务的业务正在从呼叫中心、数据录入和售后服务等位于价值链低端的业务向市场分析、工程设计、法律咨询、专利申请等位于价值链高端的业务转移。印度全国软件和服务公司协会、电子与计算机软件出口促进会等中介组织为班加罗尔软件业发展做出了重大贡献。印度全国软件和服务公司协会是印度IT及其相关服务行业的尖端组织，为其成员公司提供扩资服务，协助它们进行商业决策；提供政府政策变更、国内外市场机会、海外专家研讨会和展览会等方面的准确信息。此外，促进会还从事软件市场的信息收集、分析和研究工作，为政府和企业提供市场信息，帮助企业开拓国内外市场。

政府强有力的政策支持。印度政府确定了优先发展软件的战略，为班加罗尔明确了"软件立市"的发展目标，并制定了一系列的优惠政策与措施，从税收、投资、进出口、人才、政府采购等方面制定了较为完善的政策措施，见表1。

表 1　政府对园区的政策支持

政策		政策内容
税收政策	关税	政府对软件出口实行零关税、零流通税和零服务税；免除进出口软件的双重赋税，允许其保留出口收入的 50%；对任何部门进口的资本货物都征以 5% 的关税；政府还放宽了对计算机进口的限制，大幅度降低关税等
	所得税	凡是软件产品全部出口的企业，免交所得税；对各种形式的软件出口收入(包括部分由 IT 带动的服务业出口收入)，免征所得税，免税期为 5 年，每年的免税额以 20% 的比例递减；风险基金企业投资任何项目的所得，包括利息收入，均免征所得税
	货物税和劳务税	软件园区企业从国内保税区采购货物时，免征货物税；从 1999 年开始，对软件服务企业免征劳务税
进出口政策		根据 1999 年颁布的政策规定，对进口各种计算机，无需任何许可证；从 2000 年开始，对按处理价格进口 10 年以下的二手资本货物，不再要求有许可证；1997～2002 年，对具备 ISO 9000 质量资格认证和 CMM 2 以上水平认证的软件企业进行离岸产品开发、网上咨询服务给予特殊进口许可证；从 2000 年开始对过去有关企业的资格审查由一年一审改为四年一审
投资政策		外资控股可达 75%～100%；允许进口计算机技术的企业资产限额从 2 亿卢比降至 100 万卢比
产业扶持政策		从 2000 年 3 月 2 日开始，对计算机业和计算机相关外围产业只征收 0.25% 的税收，这是印度有史以来最低的税收比率；免收硬件业 4% 的每年续约劳动合同税；公民个人购买计算机和软件可部分减免个人所得税
风险投资政策		在 1986 年颁布的《科研开发税条例》中，将研发税的 40%(每年约 1 亿卢比)用于风险基金的补贴；对风险投资的投资收益全部免税；建立不同层次和性质的风险基金，包括国家风险基金、联邦风险基金和私营风险基金；为风险资本设立 10 亿卢比的基金
人才政策		继续扶持、加强原有正规的理工技术学院在信息技术及软件产业高级人才培养方面的传统优势；在中学、大专院校开设不同层次的电脑软、硬件课程，形成多层次的人才培训体系，以满足软件产业发展的多种需求；开放私人资本和外资从事电脑软、硬件的专业教育
政府采购政策		强制性的政府购置国产 IT 产品政策

(三)中国台湾新竹

20 世纪 70 年代，为应对世界性的金融危机、粮食危机、石油危机，台湾有关当局选择了建立科技园区的方式来促进产业升级，开始建立新竹科学工业园区。1980 年 12 月，新竹科学工业园区正式成立，经过 30 余年的建设，新竹科学工业园的园区生产总值约占台湾地区的 10%，网络卡、扫描仪、终端机、电脑等电子产品产值均占全岛总产值的 50% 以上，集成电路(integrated circuit，IC)产业在台湾地区处于垄断地位，成为台湾经济快速增长的重要推动力量，促使台湾从低成本的制造中心成功转变为全球创新经济的高附加值制造中心。台湾新竹科学工业园的发展具有以下特点。

(1)科学规划保障了园区建设的有序进行。建园之初，园区进行了科学规划，确定了科学化、学院化、国际化的建区方针，园区选择了电子计算机及外围设备、精密仪器机械、生物工程、集成电路、通信、光电等具有广阔前景的六大高科技领域,将建设成为亚太高附加值产品开发制造中心。科学合理的规划,为园区的持续快速发展提供了有力保障。

(2)良好的管理体制为园区的发展提供了保障。新竹科学工业园区先后制定了一系列政策措施和规章制度,使园区管理逐渐步入科学化、规范化轨道,如 1979 年颁布实施的《科学工业园区设置管理条例》,对投资商的权利义务、园区的优惠政策、行政管理内容等都做了明确而详尽的规定。随着园区的建设发展,这一条例经过了多次修订。园区还先后制定和修订了《科学工业园区外汇管理办法》《科学工业园区贸易管理办法》等一系列重要规章条例,使园区管理真正做到了有法可依。

(3)完善的服务支撑体系为创业者提供了良好环境。建立了集中高效的服务型行政管理体系,一切行政管理都以为企业提供高速服务为前提,一切变革都以为投资者提供合理便利为依据,一切管理规章都为促进电子信息产业发展而制定。此外,新竹科学工业园区按照"企业服务,区内完成"的原则,在园区内设有整套服务机构,企业所需办理的手续都可在园区内完成。简单、高效的管理方式以及完善的支撑配套服务体系,为投资者创业营造了良好的服务环境和发展氛围。

(4)通过技术创新不断提高园区产品的国际竞争力。园区企业在研发经费方面的大量投入形成了其在技术创新方面的优势地位。园区在技术创新过程中,台湾"清华大学"、工业技术研究院等高校和科研机构为园区企业提供了必要的高科技人才及培训,同时还参与高技术产品的开发。为鼓励园区企业研究和开发新产品,园区管理局每年评选创新产品奖、研发成效奖,并提供"科技园区创新技术研究发展计划奖"和"研究开发关键零组件及产品计划奖"。为避免全球金融危机造成高科技企业因为节约成本而缩减研发经费投入,台湾有关当局自 2010 年起启动《科学工业园区固本精进计划》,加大研发资助力度,通过产学合作进行前瞻性创新研发。

(5)注重人才的引进和培养成为园区快速发展的重要支撑。一是制定积极的人才政策,如允许科技人员用其专利权或专门技术作为股份投资。二是重视本土人才的培养。新竹科学工业园区规定,企业雇佣台湾本地科技人员数必须占科技人员总数的 50％以上,以保证把更多的台湾科技人员培养成高科技人才和高级管理人才。三是重视人力资源的管理。为了开发科技人力资源,新竹先后成立了人力资源管理协会、科学管理学会等团体组织,通过这些组织的整合,最大限度地满足科技产业对人力资源的需求。此外,园区内许多企业都留有 15％～20％的股份,用于激励高层管理人员和研发骨干。

(6)风险投资促进了园区高新技术企业发展。1983 年,中国台湾颁布了《创业投资事业管理规划》，积极促进风险投资的发展；为鼓励民间风险资本的发展，台湾行政主管部门于 1985 年和 1990 年先后从"开发基金"中划拨 8 亿元新台币和 16 亿元新台币设立种子基金。为进一步扩大风险资金来源，台湾有关当局于 1994 年开放了保险公司和民间银行的资金来开办创业投资公司，从而使风险资金来源结构发生了变化。此外，台湾对风险资本的提供者实行税收优惠。风险投资对于台湾高技术产业发展起到了积极影响，联华、台积电、华邦、旺宏、华茂等一大批电子信息企业在创业投资公司的培养下实现了快速发展。

(7)台湾有关当局政策支持在园区建设中发挥了重要作用。园区规定：技术产品销售连续五年免征营利事业所得税；企业增资扩展的设备，按新增设备成本的 15％ 抵减增资年度的营业盈利所得税；营业事业所得税和附加税总额不超过全年课税所得额的 22％；园区内企业进口设备、原材料、物料、燃料和半成品免征进口税捐和货物税，外销产品免征货物税和营业税；其他有关优惠规定均与加工出口区相同。园区允许科技人员以高于一般比例的专利权或专利技术作为股份投资，其作价最高达总投资额的 25％。同时，新竹园区也十分注重对本地科技人员的培养，规定入区企业雇佣台湾本地科技人员的总数必须占科技人员的 50％ 以上，否则撤销当年免征营利事业税的奖励；台湾有关当局出资在园区举办企业员工培训并邀请专家定期讲座；推动园区企业与当地学术科研机构、大专院校的联系，奖励在园区的科技人员在职进修。

(8)大量的中介机构促进了园区企业及机构间的协同发展。新竹不仅有台湾"清华大学"、台湾"交通大学"、新竹师范学院等众多知名高校，还有工业技术研究院、精密仪器发展中心等著名学术研究机构，为园区企业的发展提供了丰富的智力资源。新竹工业园内的同业公会、律师事务所、会计师事务所、管理顾问公司、银行金融机构等，不仅为园区内企业提供资金、技术、人才、信息等创新要素支持，还在企业间或企业与政府间的沟通协调方面以及企业员工的公共福利等方面起着积极作用。例如，台湾电力电子制造商协会为园区的 IC 和半导体产业提供专业性服务，在加速企业学习和技术升级上发挥了核心作用；贸易协会和产品发展协会在开拓岛内外市场、提升企业竞争力上发挥了积极作用；国际半导体设备及材料协会台湾地区办事处，在为企业扩大市场范围、提供商机等方面具有重要作用。

二、信息产业集群发展的国际经验与启示

(一)国际典型信息产业集群发展值得借鉴的经验

风险资本的大量注入是信息产业集群发展的重要保障。信息产业是知识、技术密集型的产业，需要大量的资本注入，没有足够的资金支持，无法开发出新技术和新成果，更不可能把这些技术和成果产业化。资本亦是人才流动的"指挥棒"，集群的形成首先需要资本的聚集，资本在某一地域大量集中必然引起劳动力向该地域流动，从而带来劳动力的聚集。因此，能够从多渠道获得充足的资金支持，是信息产业集群发展的重要保障。信息产业的发展，在很大程度上依赖于创新产品的生产，而创新产品的研发与生产在很大程度上依赖于风险资本的注入。美国政府一直致力于风险投资主体多元化建设，出台了一系列鼓励对科技型小企业的长期风险投资的优惠政策，硅谷的风险投资来源于富有个人、大企业、传统金融机构、养老金、国外投资者、保险公司、各种基金和政府投资等多种渠道，风险投资资金来源渠道广。风险资本的大量注入和良好的融资环境为硅谷的腾飞式发展提供了坚实的基础，任何有价值的创意、技术在硅谷都能得到很好的投资和帮助。硅谷内衍生新技术企业的能力之所以如此强，关键是因为成功的风险投资为区域内创造了一个良好的融资环境。

人才聚集是信息产业集群发展的推动因素。信息产业是技术密集型产业，其对劳动力素质的要求相对其他行业更高。拥有各类高级人才更是保证信息产业集群快速发展、技术创新的关键。硅谷是世界最先进人才和最尖端技术的聚集地。硅谷具有雄厚的人才资源、技术资源和科研力量，而斯坦福大学、加州伯克利分校等世界一流大学，则是这些资源的宝库、人才培养基地和科技产业的孵化器。特别是斯坦福大学，它在硅谷的生产过程中起着非常重要的作用，与斯坦福大学有关的企业(即斯坦福大学的师生和校友创办的企业)的产值就占硅谷产值的50%～60%。硅谷雄厚的人力资源主要来源于以下三个方面：第一，硅谷内聚集着很多世界著名的一流大学和研究机构，如斯坦福大学、加州伯克利分校等，向硅谷大量供应着一流的工程师；第二，鼓励创新和冒险的文化氛围以及方便易得的融资渠道促进了大量的具备一定技术、希望能够进行创业和发挥所长的人才的到来，也加速了硅谷内人力资源的聚集；第三，由于大量IT著名企业的聚集，这些企业从自身发展的角度出发，从全球各地招募杰出的技术和管

理人才参与公司的建设和发展，所以，著名企业的聚集也提高了硅谷人力资源的高素质水平。作为知识创新源头的大学和科研机构与作为技术创新主体的企业间的高度结合，是信息产业集群保持创新活力、实现持续发展的重要保障。美国硅谷、中国台湾新竹等电子信息产业园区一般都布局在高校密集区，各园区非常注重区域经济与大学等研究机构的互动发展。例如，为了加强大学与高科技企业以及政府部门的广泛联系，斯坦福大学制定了允许教师兼职等一系列政策。这些政策的实施，一方面大大提高了高科技人员的积极性，推动了科技成果的转化，另一方面还保持了这些创业者与学校的联系，这种创业过程对教师和科研人员来讲，也是一个知识更新的过程，有利于他们的教学和科研工作。

环境条件是信息产业集群发展的重要前提。良好的产业环境与信息产业发展的区位优势是密不可分的，环境条件主要包括自然环境、智力集聚、基础设施、交通运输、工业基础、服务设施等。就硅谷而言，它并不是在空白的荒野上突然产生的，在信息产业突飞猛进之前，美国国防业的发展为硅谷奠定了良好的信息产业发展基础。"需求拉动"是创新成果产业化的根本动力，通过政府采购为高科技产业化开辟初期市场，对于促进电子信息产业的发展是十分必要的。美国政府颁布的《美国产品采购法》，通过政府采购，促进了自主创新产品的研发和产业化，硅谷作为美国电子计算机和导弹、宇航设备的重要生产基地，其迅速崛起是与美国的政府所形成的购买电子产品、导弹产品、计算机产品等的需求密不可分。印度班加罗尔出台了强制性的政府购置国产IT产品的政策，对班加罗尔IT产业的发展起到了很大的促进作用，促进了信息产业集群的优化和升级。产业链作为一种新型的产业组织形式，对产业发展的巨大推动作用已被实践证实。

集群创新系统是信息产业集群发展的动力机制。集群创新系统是指在某一区域范围内，以产业集群为基础并结合规则安排而组成的创新网络与机构，通过正式和非正式的方式，促进知识在集群内部创造、储存、转移和应用的各种活动和相互关系。集群创新一般由核心价值系统、支持价值系统和环境价值系统组成，它架构了集群内部各要素之间通过规制安排而组成的集群创新网络与机构，并由此构造了集群内部知识流动和知识创新的关联价值系统。在集群创新系统中，最关键的是核心价值系统。核心价值系统一般由供应商、竞争企业、用户和相关企业组成，它们之间通过产业价值链、竞争合作或其他内部联结模式实现互动，构成集群创新系统的核心价值部分。支持价值系统由集群基础设施、集群代理机构、公共服务机构等组成，他们不仅为集群成员企业提供格式化的、一般性的科学知识，还负责协调集群成员之间的联系，促进成员之间的联结和相互支持，促使他们发挥集体效应。环境价值系统由地方政府、正式和非正式制度规则、外部市场关系三部分组成，它是集群所处的环境系统，是集群创新系统不可缺少的部分，对集群创新有重大影响。

(二)信息产业集群发展的趋势

通过对美国硅谷、印度班加罗尔、中国台湾新竹等全球知名的信息产业集群发展情况的分析发现，国际上信息产业集群发展一般具有如下趋势。

从注重优惠政策向发展产业集群转变。从世界电子信息产业发展来看，基本经历了由"单个企业→同类企业集群→产业链→产业集群"的发展演变，电子信息产业只有集群化发展，才会激发出更大的能量。从未来产业园区发展政策的走向看，优惠政策将可能逐步从区域倾斜转向技术倾斜和产业倾斜。

由加工型园区向研发型创新区转变。由于电子信息产业园区功能的特殊性，决定了其适合打造前端性产业链(研发、设计、中试等)。未来电子信息产业园区的竞争优势在于技术创新能力和技术转化效率，园区将逐步建成以研发中心、研发型产业、科技服务业为主体的研发型创新区。

从强调引进大型公司向科技型中小企业集群转变。随着电子信息产业系统化的增强、交叉性的增大，科技研发与转化的复杂性日益加大，从而使大规模研发的系统风险大大增加。而随着科技预测性和可控性的加强，在总体方向下，将研发课题市场化、模块化、专业化，采用小规模研究，充分利用其灵活性，可有效分散风险和加快科技研发速度。

由土地运营为主向综合的"产业开发"和"氛围培育"转变。产业园区的发展，未来必然从孤立的工业地产开发走向综合的产业开发，通过土地、地产项目的产业入股等方式，将土地、园区物业与产业开发结合起来；同样也从片面的环境建设走向全方位的氛围培育，在打造一流的硬环境的同时，加强区域文化氛围、创新机制、管理服务等软环境的建设。

由功能单一的产业区向现代化综合功能区转变。现代的产业发展不同于传统工业发展模式的特性——智力资源密集、规模较小、信息网络化，决定了新的产业区功能的综合性，不仅是单纯的工业加工区、科技产品制造区，而且是包括配套服务的各种商业服务、金融信息服务、管理服务、医疗服务、娱乐休憩服务等的综合功能区。

(三)信息产业集群发展的启示

应以产业平台和产业生态构建为重点。信息产业是技术驱动和引领的产业，信息产业集群要重视技术研发平台和产业服务平台建设，在制定园区发展规划时，应分析和判定产业平台构建的实际需求和发展途径，通过打造产业平台提升研发或技术交易的核心能力。

加强产城融合提升高端要素聚集能力。地区当前一轮的全球产业分工，实际上是高端资源向欧美集聚、低端要素向中国及东南亚地区集聚的过程，以成本和规模取胜的时代即将结束，通常意义上的"微笑曲线"也将随着"金融泡沫"的破灭，开始新的重构过程。需要在新一轮的产业板块及分工中，尽量取得高端要素资源的集聚，这就需要在园区规划与发展中做到空间和服务平台的适应性，注重城市服务功能的配给以及宜居环境的营造，打造一个"吸引力中心"和宜居宜业的空间环境。

注重园区内企业的成长空间营造和二次成长培育。服务能力和水平是产业园区发展的核心要素，但目前大部分园区仍然注重"招商引资"的初始过程与税收方面，在园区内部企业的发展服务方面做的还不到位。园区应按照企业成长路线，规划构建企业孵化器和加速器，并不断完善孵化器和加速器的对接机制，按照为不同发展阶段的企业提供不同的关键服务，来提升创新创业综合服务能力和服务品质。

三、杭州信息产业集群发展基础

(一)杭州信息产业集群发展成效

2014 年，杭州市实施信息经济和智慧应用"一号工程"，全市信息经济增加值达到1 660 亿元，增长 18.3%，占全市生产总值的 18.1% 以上。2015 年上半年，杭州信息经济持续呈现良好发展势头，实现产业增加值(剔重)1 020.93 亿元，增长 24.7%，高于全市生产总值增幅(14.4 百分点)，占全市生产总值的比重达 22.69%，信息产业已成为杭州经济的支柱产业。

软件和信息服务业集群在国内领先。杭州目前已经形成了以"民营当家、自主产权、内需为主、应用领先"为鲜明特征的"杭州软件"品牌，杭州市软件和信息服务业在电子商务、金融财税、互联网金融、云计算、工业控制、安防监控、集成电路研发和设计、数字电视、互联网娱乐服务等领域的综合竞争力和规模效益水平等均处于全国前列。2015年上半年,杭州软件和信息服务业增加值达693.94亿元,增长31.3%。2015年1～5月,杭州市软件和信息服务业产业规模位居全国副省级城市第三位,仅次于深圳和南京(表2)。

表2 2015年1～5月副省级城市软件和信息技术服务业主要经济指标完成情况表

排名	城市	企业个数/个	软件业务收入/万元	增速/%
1	深圳市	2 200	16 445 004.0	15.3
2	南京市	1 440	11 369 300.0	11.1
3	杭州市	871	8 998 026.0	26.6
4	广州市	1 524	8 409 663.0	15.2
5	成都市	1 430	7 503 410.0	16.1
6	济南市	1 663	7 261 158.0	22.0
7	大连市	1 976	6 632 315.0	11.8
8	沈阳市	1 949	6 250 692.0	5.8
9	青岛市	1 195	5 452 227.1	23.3
10	西安市	1 690	4 556 541.0	28.4
11	武汉市	2 429	4 091 101.0	19.1
12	厦门市	901	2 913 169.9	20.2
13	宁波市	701	891 848.0	31.5
14	长春市	401	365 479.0	20.7
15	哈尔滨市	238	228 840.0	11.5

新兴产业集群快速崛起。由大数据、云计算、物联网、移动互联网为代表的新一代信息技术引领的新业态、新产业快速崛起,已成为杭州信息产业的生力军。2014年,电子商务、数字内容产业分别增长30.1%、19.2%,云计算与大数据、物联网、互联网金融和智慧物流分别增长13.4%、15.9%、13.6%和11.4%。2015年上半年,互联网金融、数字内容、移动互联网、电子商务和云计算与大数据产业增幅分别为67.3%、37.8%、36.2%、34.1%和27.7%,分别高于全市信息经济整体增幅42.6百分点、13.1百分点、11.5百分点、9.4百分点和3.0百分点(表3)。尤为可喜的是,西湖云栖小镇、上城基金小镇、余杭梦想小镇建设初见成效,创造了"政府主导、名企引领"的新模式,推动了信息产业创新创业资源的快速集聚。

表3　2015年上半年杭州市信息经济增加值一览表

产业名称	增加值/亿元	增幅/%	占比/%
电子商务产业	381.32	34.1	8.48
云计算与大数据产业	369.87	27.7	8.22
物联网产业	132.11	16.1	2.94
互联网金融产业	157.64	67.3	3.50
智慧物流产业	28.68	−1.7	0.64
数字内容产业	523.50	37.8	11.64
软件与信息服务产业	693.94	31.3	15.43
电子信息产品制造产业	247.74	10.9	5.51
移动互联网产业	379.07	36.2	8.43
集成电路产业	15.85	2.9	0.35
信息安全产业	94.52	17.3	2.10
机器人产业	8.34	8.3	0.19
合计(剔重)	1 020.93	24.7	22.69

产业集群领军企业的作用日益突出。杭州信息产业领域领军企业实力不断增强。2014年杭州百亿企业达7家，占据浙江省信息产业8家百亿企业的绝大部分。其中电子制造业有4家，软件企业有3家，天猫技术、淘宝软件、富通集团、海康威视、华三通信和富春江通信继续蝉联百亿企业，天猫技术以305.6亿元的收入跃居浙江省信息产业第一，支付宝以118.8亿元的营业收入首次入围百亿元企业。在这些信息产业领军企业的影响下，杭州利用互联网创新创业的势头良好。根据阿里研究院的研究报告可知，目前移动互联网相关创业主要集中于北京、上海、深圳、杭州、广州和成都，杭州仅次于北京、上海和深圳，排名为全国第4。

集群创业创新环境优越。杭州信息经济创业创新环境优越。2013年杭州市出台了《中共杭州市委、杭州市人民政府关于进一步加快信息化建设推进信息产业发展的实施意见》(市委〔2013〕6号)，2014年，进一步出台了《中共杭州市委、杭州市人民政府关于加快发展信息经济的若干意见》(市委〔2014〕6号)。两个6号文件，为整合政策资源全面支持信息化和信息产业领域的创新创业提供了坚强保障。2015年杭州已有众创空间40多家，在纳入国家级科技企业孵化器管理服务体系的75家众创空间中，杭州就有14家，占全国的近1/5，其中绝大多数的众创空间服务于信息产业的创新创业发展。

(二)杭州信息产业集群发展存在的问题

缺乏整合能力强的大型产业集聚区。杭州虽然在高新区(滨江)、余杭区和西湖区初步实现了电子信息企业的空间集聚,特色小镇初具规模,但缺少大型专业性园区,产业链集聚程度还不高,如软件和信息服务业,已认定的30多个信息服务特色园区规模偏小,不少园区主要是通过税收和土地等优惠政策来吸引企业进区,从而形成空间集聚,这会引发低水平重复建设问题。与南京雨花软件园、济南齐鲁软件园、成都天府软件园、厦门软件园等园区相比,杭州软件园区层次较低,缺乏研发公共服务平台。

产业链带动力强的龙头企业偏少。除阿里巴巴外,杭州信息产业缺少核心能力突出、有强大国际竞争力和重要影响力的跨国企业,特别是缺少能提供整体"解决方案"的系统集成产品和服务的企业。2014年在(第28届)中国电子信息百强企业评比中,华为以年收入2 371亿元的成绩第八次成功登上冠军宝座,中兴通讯股份有限公司位列第六,两家世界级企业引领了深圳移动通信产业的发展。排名第四的海尔集团和排名第五的海信集团有限公司增强了青岛电子电器行业的竞争力。除杭州企业中排名最靠前列(第38名)的海康威视和(第73名)浙江大华引领了全国安防监控领域外,杭州缺乏体量在500亿以上的龙头企业,对产业集聚的引领带动作用偏弱。

未能形成软硬件融合发展的大产业格局。软件与硬件融合是信息产业发展的重要趋势,但杭州电子信息产品制造业是短板,特别是缺"芯"不强,集成电路、传感器、微机电组件和光机电一体化组件等高端芯片和电子元器件产品的生产能力低,不能为加快发展软件和信息服务业系统集成能力提供硬件支撑。杭州虽然在某些行业软件方面有特色优势,但在工业产品、基础设施、关键装备、流程管理智能化方面的嵌入式软件的水平不高,研发生产水平也不高,对两化深度融合的支撑作用不强。

人才、资本、土地等信息产业关键要素资源不足。相对于深圳、北京和上海等发达城市,杭州信息产业高端人才的集聚能力不强,高层次学科带头人的引进还缺乏力度,技术开发人才引进不足,高级技工短缺,使企业和产业发展后劲不足,市域范围内人才抢夺加剧,出现过度竞争局面。企业负债率过高,投融资渠道不够畅通,尤其是过度依赖银行贷款,直接融资严重滞后。此外,杭州土地资源紧张,"发展空间缺乏"也成为制约信息产业集群发展的重要瓶颈。

四、借鉴国际经验加快发展杭州信息产业集群的建议

（一）以龙头企业引领打造集群产业链

着力做大做强龙头骨干企业，推动优势企业强强联合，实施战略性重组。鼓励龙头骨干企业开展跨国并购，在境外设立独立法人或并购国外公司，在全球范围内优化资源配置，拓展国际市场。支持领军企业塑造知名品牌，提升企业产品质量和商业信誉，通过参加国际知名展会、赞助国际知名赛事等提升品牌效应，使其发展成为国际一流企业，积极抢占信息产业链高端环节。认定和支持一批瞪羚企业加快发展，打造一支创新能力强、发展速度快的领军企业后备队伍。以阿里巴巴、海康威视等龙头企业的商业创新模式为典范，以智慧应用项目建设和政府购买信息服务为支撑，推动智慧经济技术、资本、产品、服务跨界集成，协调系统方案解决商和集成服务供应商，积极探索适应市场规律、形式多样的技术转移和产业化模式，建立以需求为导向的产业化途径。

强化行业龙头企业创新带动作用。围绕信息产业重点领域，加快各类孵化器、加速器的建设，培育一批拥有核心技术、未来成长性好的初创期企业或是增长速度快、具有"专、特、精、新"特点、发展前景好的高成长性中小信息技术企业。注重引进做强大型企业与培育科技型中小企业集群融合，随着信息产业系统化的增强、交叉性的增大，科技研发与转化的复杂性日益加大，从而使大规模研发的系统风险大大增加，应充分利用科技型中小企业的灵活性，推进大众创业、万众创新。加快形成以大企业为龙头、中小企业特色化发展的专业化创新协作体系，打造具有国际竞争力的产业链。

完善产业集群协同创新载体。推进产业技术联盟建设，形成产学研用相结合的协同创新队伍。围绕研发、设计、制造等产业链各环节跨界合作、协同创新，推动专业产业联盟、跨界产业联盟建设，推动运营商、服务提供商、设备提供商、内容供应商的深化合作。鼓励信息产业企业与高等院校、科研机构共建研究院、研发中心、公共技术服务平台，开展技术创新合作。积极引进国内外一流的名校、研究院、大企业进区设立产业研发组织。

促进与全球创新资源高端链接。支持信息产业重点企业与境外著名研究机构开展研发合作、参与国际科技重大合作项目、建立海外研发中心、承接国际技术

转移和促进自主技术海外推广,提高研发、制造、营销等环节的国际化水平,提升国际竞争力。

(二)以占领产业制高点引领打造集群创新链

引导企业加大研发投入。运用财政补助机制激励和引导企业普遍设立研发准备金,根据经核实的企业研发投入情况对企业实行普惠性财政补助,充分发挥财政资金"四两拨千斤"的作用,促进企业研发投入占收入的比重逐年提高。支持企业承接国家和省市各类科技重大专项和高技术产业化项目。

强化标准攻关占领产业制高点。站在专利池战略和标准竞争战略高度制定信息产业的自主创新路径,通过专利池运作和标准平台打造自主创新高地。支持企业牵头创制具有自主知识产权的国际标准、国家标准及行业标准,推动技术标准的产业化应用,以标准促进创新产品开发。鼓励企业参与、承担国际和国家标准化专业技术委员会的工作,承办具有国际影响力的标准化会议和活动。把技术创新前端的基础研究、前沿研究,中端的关键技术和共性技术的研发、技术服务、技术交易,后端的投融资服务、项目产业化、创业孵化、人才培训等融合成有机的创新链。以建设杭州国家自主创新示范区为契机,实施一批重大创新工程,集聚资源,突破关键核心技术,增强自主创新能力,着力推进由加工型产业集聚区向研发型创新区的转变。

促进知识产权创造和运用。围绕重点产业领域,突出企业在知识产权创造中的主体地位,加快形成一批技术含量高、产业化前景广的知识产权,突破一批关键领域知识产权,建立有利于自主创新的知识产权政策导向机制。建立知识产权交易平台,形成功能完善的知识产权产业转化服务机制。完善产学研结合的知识产权合作创新机制,加强产业技术创新战略联盟的知识产权创造激励工作。

加强产业集群技术创新平台建设。着力对具有"准公共产品"属性的共性技术和支撑技术进行研发,扶持相关研发企业和科研院所组建共性技术和支撑技术研发平台。探索政府财政资金购买共性技术和研发服务的方法和途径,通过市场机制促进公共科技资源扩散应用。充分利用技术研发平台、云计算平台、海量数据等优势资源,大力支持新兴产业跨学科重大创新平台建设。依托研发公共服务平台等载体,支持中小企业技术创新,促进各类研发资源向中小企业开放。

（三）创新资本运作方式打造集群价值链

发挥资本市场优势支持信息产业集群发展。充分利用杭州金融市场特别是玉皇山南基金小镇资本市场优势，大力鼓励产业投资基金、股权投资基金、创业投资基金，重点投向信息产业初创期和快速成长期的企业，鼓励私募理财、对冲基金、量化投资基金、私募股权基金、互联网金融等新金融业态，优先支持信息产业企业创新创业。以多层次资本市场为依托，着力优化信息产业不同类型不同层次企业的股权结构，建立资本金补充机制，提高企业抗风险能力。

拓宽直接融资渠道。优先支持符合条件的信息产业企业在国内外资本市场直接融资，整合各类资源，推动企业在境内外上市，形成特色鲜明的杭州信息产业上市公司板块。支持尚不具备上市条件的信息产业企业开展新三板和各类场外交易市场试点，支持在场外交易市场挂牌融资，开展股权转让试点。优先支持符合条件的信息产业企业发行3～5年中期债券，改善企业负债结构，降低融资成本。

完善创业投融资机制。根据信息产业创新创业发展阶段的特点，探索创业引导基金的新模式，大力支持区（县、市）和园区设立信息产业引导基金，开展保险资金投资创业投资基金的相关政策试点。发挥天使投资和创业投资引导资金的作用，实施风险补贴支持政策，引导投资机构对创业企业进行投资。创新发展知识产权质押贷款、股权质押贷款、中小企业集合债等品种，引导银行、担保机构加强对信息产业创业企业的信贷支持。

鼓励企业创新商业模式。积极发挥阿里巴巴平台式、生态式创新优势，应用"互联网＋"搭建创新平台，加强对市场和技术变化的敏捷反应，适应快速变化的信息技术创新。加强产业链上下游以及市场环境（包括软环境和硬环境）的协同，推动技术、资本、产品、服务跨界融合，以商业模式创新促使新兴产业突破早期的盈利瓶颈，推动新兴产业的规模化发展并使之走向成熟，提升信息产业集群价值链。

（四）围绕集聚高端创新要素打造集群生态链

强化园区功能转型。从规模化模式向功能化模式转变，由功能单一的产业园区向现代化综合功能区转型。根据信息产业智力资源密集、信息网络化的特点可知，产业集群不是单纯的工业加工区、科技产品制造区，应增强产业园区内的金融服务、信息服务、管理服务、教育服务、医疗服务、娱乐休憩服务和各种商业服务等综合功能，推动产业园区转变为以研发中心、研发型产业、科技服务业等生产性服务业集聚为主体的现代产业集群生态功能区。

营造高效便捷的政府服务环境。以建成"四张清单一张网"为抓手,推进政府权力清单"瘦身"和责任清单"强身",进一步推进简政放权,释放市场活力,为市场主体提供精准、高效的公共服务。着力推进政务和公共信息资源开放与共享利用,强化部门协同、数据开放,科学合理衔接政府数据与市场数据的运作,为企业提供充分、便捷、个性化的信息服务。加大政府购买服务的力度,在信息产业领域加大创新券的推广应用,在"创新券"省奖补政策支持范围内加大对 IT 创客的服务支出。实施创新产品首购政策,建立健全使用 IT 创新产品的政府采购制度,在使用财政资金采购时,通过首购、订购等方式,支持 IT 企业首台(套)产品的研发和应用。

集聚信息产业人才资源。吸引和集聚世界水平的科学家和研发团队到杭州开展信息产业创新活动;鼓励企业探索建立技术入股、股权激励、分红奖励等分配机制,加大技术要素参与收益分配力度,激励掌握前沿技术、有成功创业激情的高端人才到杭州创业;培育和集聚具有创新理念、掌握创新能力的企业经营管理队伍。着力落实 2015 年年初出台的"人才新政 27 条",鼓励企业、高校、研究机构积极引进和培养信息产业技术研发与产业化高端人才。完善人才服务机制,对海内外高层次人才创办企业提供"一站式"代办服务,优先解决高端人才子女就学问题。不断提高信息产业人才队伍整体水平,鼓励企业与高等院校、科研院所、培训与咨询机构合作,加强对信息产业技术研发、市场推广、服务咨询等方面的人才的岗位培训与职业教育。

打造低成本创业环境。由土地运营为主向"产业生态培育"转变,通过土地、地产项目的产业入股等方式,将土地、物业与产业开发结合起来;同样也从片面的环境建设走向全方位的氛围培育,在打造一流的硬环境的同时,加强区域文化氛围、创新机制、管理服务等软环境的建设。按照市场化、专业化、集成化、网络化的要求,充分利用国家和省级高新区、特色小镇、科技企业孵化器、小微企业创业基地、大学科技园和高校、科研院所的有利条件,构建一批低成本、便利化、全要素、开放式的新型创业服务平台,为广大创业创新者提供良好的工作空间、网络空间、社交空间和资源共享空间。对依托符合条件的大学科技园和科技企业孵化器建设的众创空间,可按照相关规定享受企业所得税、房产税和城镇土地使用税优惠政策;对纳入众创空间管理的符合条件的小微企业,享受相关税收优惠政策。

搭建国际化服务平台。聚集国际化中介机构,完善企业国际化工作体系,推动企业国际化发展。建设国际创新社区,吸引信息产业国际知名科研组织、创新机构、企业、海外专家、国内外创业者入驻。支持高校、科研院所、企业跨国跨地区开展学术交流和项目共建，设立联合研发基地，聘请国际一流的科学家、工程技术专家和企业家，指导或参与重大科技创新项目。鼓励企业注册国际商标、申请国际认证和国际专利、创制国际标准，支持企业参与各类海外工程、布局设立境外分支机构和孵化器。

电子商务驱动的产业集群创新能力提升机制与过程研究[*]

杨 伟

（杭州电子科技大学浙江省信息化与经济社会发展研究中心，浙江，杭州，310018）

摘 要 电子商务正成为产业集群创新能力提升的新动力。本文对电子商务驱动集群创新能力提升的作用机制和过程进行了理论分析，旨在阐明这一新动力的内在作用机理。本文的分析表明，电子商务通过微观和宏观两种机制驱动集群创新能力的提升，微观机制包括需求引导和技术推动，宏观机制则包括集体学习、竞争合作和创新治理。本文进一步构建了电子商务驱动集群创新能力提升过程的双螺旋模型，其中集群应用电子商务的过程分为尝试引入、扩散普及和多样化三个阶段，与之对应的集群创新能力提升的过程包括能力替代、能力转换和能力进化三个阶段，微观和宏观机制起到了连接两个螺旋上升过程的作用。

关键词 电子商务；产业集群；创新能力；机制；过程

中图分类号：F062.9 **文献标识码：**A

一、引 言

产业集群是我国企业发展的重要组织形式和载体，对推动企业专业化分工协作、有效配置生产要素、降低创新创业成本、节约社会资源、促进区域经济社会发展都具有重要意义。在经济发展进入新常态的背景下，我国产业集群普遍面临由依赖资源环

---

* ［基金项目］：国家自然科学基金委员会-浙江"两化"融合联合基金项目(u1509220)。

［作者简介］：杨伟(1978—)，男，甘肃张掖人，博士，副教授，主要研究方向为技术创新管理。

境向创新驱动发展转型的迫切需要，因此提升产业集群的创新能力成为一个亟待解决的问题。

电子商务是现代信息技术在流通领域的典型应用，并呈现出向生产领域延伸的新趋势。使用电子商务，有助于企业准确把握客户需求、改进产品研发效率和整合利用创新资源，从而影响整个产业集群的创新能力。近年来，在阿里巴巴开展的"1688产业带建设项目"的带动下，浙江桐庐的制笔产业集群、河北清河的羊绒产业集群等典型的传统制造业集群的创新能力都有了较为明显的提升。因此，电子商务的发展为产业集群创新能力的提升提供了新的动力和契机。

在理论研究层面，一些学者开始关注电子商务对产业集群转型发展的影响（但斌等，2010；陶安等，2014），但这些研究主要聚焦于电子商务改进产业集群交易效率、供应链协同效率等方面的作用。另外，产业集群创新能力的研究已取得较为丰富的成果（周泯非和魏江，2009），但很少有文献分析电子商务与集群创新能力之间的理论关联。基于此，本文结合产业集群创新能力的现有理论，从作用机制与过程两个方面构建电子商务驱动产业集群创新能力提升的理论框架，以弥补现有研究的不足，并为进一步开展经验研究奠定理论基础。

二、理　论　背　景

（一）产业集群创新能力的研究视角与内涵

持续创新是产业集群转型升级的重要途径之一，对产业集群持续创新影响因素的研究由此成为创新经济学、经济地理学、产业经济学、管理科学等不同学科领域共同关注的焦点。其中，集群创新能力被认为是决定集群创新绩效的一个根本性因素（王钦，2011）。纵观已有研究，对集群创新能力的讨论形成了四个主要的理论脉络。

一是基于新产业区理论的研究。该理论认为，由于地理邻近性的存在，知识和创意很容易在集群内的企业间扩散，从而在集群层面上形成持续的集体创新过程（Maskell and Malmberg，1999）。后续的学者进一步拓展了这一理论视角，将地理邻近性扩展至组织邻近、制度邻近、社会邻近等多维邻近（李琳和杨田，2011）。

二是创新环境学派对集群创新能力的讨论。欧洲创新环境研究小组的系列成果真正地将能力观引入了区域和产业集群创新的研究。首先，Lawson（1999）以创新环境学派所提出的"集体学习"概念为内核,阐述了"能力"概念在区域层面上的适用性以及区域能力核心机制等问题。其次,Lawson 和 Lorenz(1999)进一步构建了集群创新能力的基本概念,认为其包括共享知识,区域层面的惯例,以及区域整合、重构多样化知识的能力。

三是区域创新系理论视角下的集群创新能力研究。区域创新系统是创新系统范式在中观层面的重要体现,主体间的互动与制度环境是区域创新系统的重要构成要素。在此视角下,Heidenreich(2005)归纳出了集群创新能力的两个主要部分:首先是政府部门和公共机构"创造和提供集体性竞争产品的能力";其次是激发和稳固区域内企业、学院、大学、技术机构、研发机构以及行政主体间交流与合作的能力。

四是吸收能力视角下集群创新能力的研究。Giuliani(2002)将企业吸收能力的概念引入集群创新的研究中,将集群吸收能力定义为集群吸收、扩散和应用集群外部知识的能力,并更加关注集群内企业对集群外部知识的获得。

以上述主要理论脉络为基础,国内学者对产业集群创新能力的内涵和构成进行了进一步的整合与发展。周泯非和魏江(2009)对产业集群创新能力的概念进行了较为系统的梳理和整合,将其界定为蕴含在产业集群整体组织结构中的有利于交互式创新活动的程序性知识总和,体现为集群在搜索与获取外部知识、共享与交流内部知识、协同与整合互补性知识单元,以及在此基础上创造和积累新知识等方面的总体能力。范如国和张鹏(2010)则构建了产业集群创新能力的"韬"框架,包括技术性要素、产业集群吸引力要素和产业集群开放型支持要素。

(二)产业集群创新能力的形成机制

根据现有研究,产业集群创新能力的形成与提升,主要受到两种动力机制的影响。

第一,集体学习机制。组织能力本质上是一种流程化知识,而学习是将新知识整合进现有知识基础的手段。在产业集群中,企业的集体学习由此成为集群创新能力形成与提升的根本性机制。实质上,无论学者们从何种理论视角出发探讨集群创新能力,集体学习机制都是一个重要的理论支点。就范围而言,产业集群的集体学习机制不仅强调本地化知识的溢出与扩散(Capello,1999),还包括集群企业对外部知识的学习。就方式而言,产业集群的集体学习包括两种形式:一是个体间的学习,即知识在个体间有意识地交流和扩散;二是系统学习,即集群本身结构化的方式引起的企业及机构间的无意识和自发性学习(蔡宁和吴结兵,2005)。

第二,竞争合作机制。一方面,在产业集群内部存在着明显的竞争关系,为集群企业的创新提供了激励，也成为集群创新能力形成的重要微观基础。另一方面，更为重要的是集群企业之间基于社会网和产业链的深度互嵌，使各种形式的合作与互动非常普遍，有助于集群创新能力的形成和提升。企业间合作是知识溢出和扩散的重要渠道，并且可以实现企业之间在创新资源上的优势互补，成为集群创新能力形成与提升的核心动力机制之一（陶良虎和陈得文，2008）。

三、电子商务驱动产业集群创新能力提升的作用机制

产业集群创新能力是微观层面上集群企业的个体创新能力在宏观层面上"涌现""协同"的产物。相应的，考察电子商务驱动集群创新能力提升的作用机制，也应当包括这两个层面，不仅要分析电子商务驱动集群企业创新能力提升的微观机制，还要关注整个集群层面上创新能力涌现生成的宏观机制（图1）。

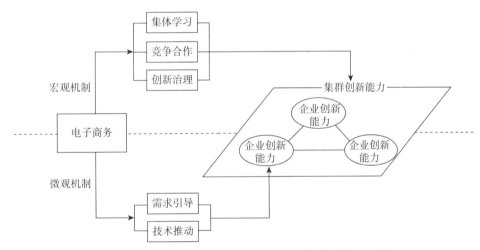

图1　电子商务驱动产业集群创新能力提升的作用机制

（一）微观作用机制

本文所考察的微观作用机制是指电子商务的应用对产业集群中单个企业创新能力的影响机制。具体的，本文认为，这种微观作用机制主要体现在两个方面。

一是电子商务对集群企业创新能力提升的需求引导作用。面向客户需求是企业技术创新的首要原则。在电子商务广泛应用之前，企业主要通过营销渠道获取市场需求

信息,信息传递缓慢、失真的问题时有发生,且获取市场需求信息的成本较高。电子商务的应用,极大地改善了企业获取市场需求信息的效率,推动了创新能力的提升。一方面,电子商务可以实现企业与客户之间的及时互动,精简了市场需求信息的传递环节,有效降低了信息获取的成本。另一方面,基于电子商务平台,市场需求信息得以集中化呈现,企业可以基于大数据挖掘技术,更加精准地把握市场需求变动的趋势,增强产品研发的针对性。

二是电子商务对集群企业创新能力的提升有技术推动作用。信息经济时代,信息技术已成为企业技术创新的重要通用基础。电子商务是对信息技术的综合应用,为企业了解和掌握前沿的信息技术提供了适宜的切入点,有助于推动创新能力的提升。此外,协同创新、开放式创新等新兴的技术创新范式与组织方式,都需要以信息技术为依托。电子商务的应用,又为集群企业技术创新模式的变革提供了有力的技术支持。

(二)宏观作用机制

电子商务的应用,不仅可以在微观基础上促进产业集群创新能力的提升,而且可以推动集群企业之间,以及企业与非企业创新主体之间创新活动的交互,形成产业集群创新能力提升的宏观作用机制。具体的,这种宏观作用机制体现在集体学习、竞争合作和创新治理三个方面。

集体学习机制是产业集群创新能力形成和发展的基本动力机制(Capello,1999;蔡宁和吴结兵,2005)。电子商务的应用,可以优化集群企业的集体学习机制,从而提升集群创新能力。一方面,知识的溢出与扩散是产业集群企业间集体学习的主要形式。基于电子商务平台上发布的产品信息,技术知识在集群内溢出扩散的成本得以降低,速度也大幅提升,从而促进了集群企业集体学习效率的提升。另一方面,电子商务的应用加速了新知识的流入,也有助于改进集体学习的效率。电子商务拓展了集群企业的市场空间,使企业更容易获取不同区域和国家市场上的本地化知识。而这些新知识又会在产业集群内部扩散,最终带动整个产业集群创新能力的提升。

产业集群企业间开展合作创新可以弥补单个企业技术基础薄弱的不足,优化创新资源的使用,是提升集群创新能力的有效途径。但就现实情况而言,集群企业之间往往存在明显的同质化竞争,利益冲突较为严重,合作创新意愿不足。电子商务的应用,有助于改变集群企业间的竞争合作关系。首先,利用电子商务,集群企业更容易寻找未被占领的缝隙市场,实现差异化发展,从而改变围绕同一市场进行过度竞争的局面,减少利益冲突的程度,增加了企业间合作的可能性。其次,差异化发展的过程中,集群企业的知识和技术资源日益多样化,也更加容易形成合作创新的基础。

机会主义行为是困扰产业集群开展创新活动的突出问题。借助地理邻近性和产业链的高度融合,集群企业间窃取和挪用技术知识的现象时有发生,严重影响了企业技术创新的意愿。电子商务的应用,可以在一定程度上发挥创新治理的作用。第一,电子商务有助于减少企业之间的信息不对称程度(赵岳和谭之博,2012),从而减少机会主义行为发生的可能性。第二,在使用电子商务的过程中,会由外而内的促使企业更加关注诚信问题,形成以诚为本的企业文化和行为方式。第三,社会网络关系是产业集群得以形成和发展的重要社会基础,也是治理机会主义行为的有效手段。近年来,微商等社会化电子商务模式快速发展,推动了交易关系和社会网络关系的有机结合,使社会网络关系得以更好地发挥创新治理的作用。

四、电子商务驱动产业集群创新能力提升的过程

在动态能力观的视角下,产业集群创新能力的提升是一个动态演进的过程。同时,电子商务在产业集群中的应用,也具有渐进性。因此,本文构建了一个描述电子商务驱动产业集群创新能力提升过程的"双螺旋"模型(图2)。

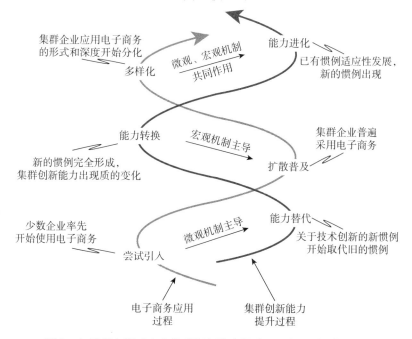

图 2 电子商务驱动产业集群创新能力提升过程的"双螺旋"模型

"双螺旋"意味着电子商务在产业集群中的应用及集群创新能力的提升,都呈现螺旋上升的趋势,而上文讨论的微观和宏观机制起到了连接两个螺旋上升过程的作用。

(一)电子商务在产业集群中的应用过程

电子商务是现代信息技术创新的产物,因此可从创新演化扩散的视角考察其在产业集群中的应用过程。创新演化扩散理论以演化经济学为基础,认为新技术的出现、选择和扩散是一个动态演化的过程(纳尔逊和温特,1997)。相应的,电子商务在产业集群中的应用过程也可视作在竞争选择作用下电子商务逐渐取代原有的营销模式的演化过程。

具体的,这一过程可分为三个阶段。一是尝试引入阶段。此时,产业集群中的少数企业率先开始使用电子商务。此类企业通常生产最终消费品或离终端市场较近,在电子商务的使用形式上也以 B2C(business to customer)模式为主。二是扩散普及阶段。随着一些集群企业尝试使用电子商务,其降低交易成本、提高交易效率和及时获取客户需求的优势开始显现。在示范效应的作用下,使用电子商务的集群企业开始增多,电子商务逐渐成为产业集群中较为普遍的一种营销模式。三是多样化阶段。随着电子商务在产业集群中的普及,集群企业的竞争基础开始趋同,率先使用电子商务的企业的比较优势被削弱,一些企业不再满足于传统的 B2C 模式,转而使用更加先进的电子商务模式与技术。在整个集群层面上,电子商务的应用呈现出多样化的特征。

(二)基于电子商务产业集群创新能力的提升过程

在演化视角下,能力本质上是一种高级知识,表现为组织的行为惯例(Dutta et al.,2005;纳尔逊和温特,1997)。因此,产业集群创新能力的提升过程,实际是关于技术创新的"新""旧"惯例间的更替过程。而且,这一过程又涉及微观和宏观两个层面。集群层面的惯例更新是微观层面企业惯例更新过程的总体反映。也就是说,在一个产业集群中,当大量的企业放弃已有的创新惯例,转而使用新的创新惯例时,就引发了整个产业集群创新惯例的更替。

基于上述基本思路,借鉴 Lavie(2006)提出的分析框架,本文将电子商务驱动下产业集群创新能力的提升过程分为三个阶段,即能力替代、能力转换和能力进化阶段。这三个阶段分别与上文电子商务应用过程的三个阶段相对应,反映了产业集群创新能力从微观到宏观、从量变到质变的演进过程。

　　具体的，在能力替代阶段，集群中率先使用电子商务的企业，首先实现了创新惯例的更替。由此，在产业集群层面，已有创新惯例的主导性地位被打破，新的惯例开始逐渐替代旧的惯例。在能力转换阶段，伴随电子商务的普及应用，新的创新惯例在产业集群中占据主导地位，集群创新能力出现了质的变化。在能力进化阶段，随着电子商务多样化的发展，一些新的惯例又开始在产业集群中出现，整个集群的创新能力进一步向更高级阶段演进。

　　在上述三阶段的创新能力提升过程中，前文所讨论的微观和宏观作用机制的主导程度有所不同。能力替代过程的实现首先发生在企业层面，因此需求引导和技术推动是其中占主导地位的作用机制。在能力转换过程中，企业之间开始发生惯例的选择和复制，集体学习、竞争合作和创新治理等宏观机制也相应地成为主导性作用机制。在能力进化过程中，企业层面的惯例更新和集群层面的惯例转换同时存在，受到微观和宏观机制的共同主导。

五、结论与启示

　　创新是产业集群转型升级和竞争力提升的重要途径，集群创新能力则是提高产业集群创新绩效的决定性因素之一。在我国经济发展进入新常态的背景下，借助电子商务的蓬勃发展，提升产业集群的创新能力具有重要的现实意义。本文分析了电子商务驱动产业集群创新能力提升的机制与过程，主要得到如下结论。首先，电子商务通过微观和宏观两种作用机制驱动产业集群创新能力的提升。其中，在微观层面上，通过需求引导和技术推动作用，电子商务可以促进集群企业创新能力的提升；在宏观层面上，通过集体学习、竞争合作和创新治理作用，电子商务驱动着整个产业集群创新能力的提升。其次，本文构建了电子商务驱动产业集群创新能力提升过程的"双螺旋"模型，将产业集群应用电子商务的过程分为尝试引入、扩散普及和多样化三个阶段，与之相对应的是产业集群创新的能力替代、能力转换和能力进化阶段，在微观和宏观机制作用下，两个螺旋上升过程实现耦合。

　　本文的理论贡献主要体现在两个方面。首先，通过一些典型案例的分析可以发现，电子商务对产业集群的转型发展产生了深远的影响，已成为产业集群创新能力提升的新动力。但很少有文献系统地分析电子商务与集群创新能力之间的理论关联，无法对实际现象进行有效的理论解释。本文从过程和机制两个方面构建的理论框架有助于弥补现有研究的不足，拓展产业集群创新的相关理论。其次，本文在演化视角下探讨了电子商务驱动产业集群创新能力提升的过程，有助于弥补集群创新能力在现有研究中动态视角研究的不足，深化了集群创新能力的现有理论，也有助于创新能力演化理论的发展。

"互联网＋"已成为我国经济转型发展的重要战略方向，电子商务是其中的重点领域。但现有的相关产业政策更多的关注电子商务在销售领域的应用，很少涉及电子商务对产业创新的影响。根据本文的研究结果，电子商务在本质上有助于重构产业集群的创新生态系统，为更好地发挥电子商务的这一功能，可以重点考虑以下政策措施。一是充分挖掘利用电子商务平台的海量需求信息，为集群企业选择研发方向提供指引，尤其是使用数据挖掘技术，识别市场需求的变化方向与趋势，为集群企业开展共性技术合作研发提供决策支持。二是立足电子商务平台打造产业集群创新平台，进一步发挥电子商务平台的沟通互动和资源整合功能，使其成为客户、科研机构、科技中介等主体共同参与的开放式创新社区。三是根据不同产业集群的特点制定适宜的电子商务发展战略。分析评估产业集群电子商务的发展阶段和创新能力现状，选择电子商务发展的重点领域与方向，有针对性的发挥电子商务的驱动作用。

参 考 文 献

蔡宁，吴结兵 . 2005. 产业集群的网络式创新能力及其集体学习机制[J]. 科研管理，26(4)：22-28.

但斌，胡军，邵汉华，等 . 2010. 电子商务与产业集群联动发展机理研究[J]. 情报杂志，29(6)：199-202.

范如国，张鹏 . 2010. 基于"韬"框架的产业集群创新能力比较研究——以中关村和硅谷为例[J]. 经济管理，(4)：36-47.

李琳，杨田 . 2011. 地理邻近和组织邻近对产业集群创新影响效应——基于对我国汽车产业集群的实证研究[J]. 中国软科学，(9)：133-143.

纳尔逊 L R，温特 S G. 1997. 经济变迁的演化理论[M]. 胡世凯译 . 北京：商务印书馆 .

陶安，覃艳华，曹细玉 . 2014. 电子商务环境下产业集群竞争优势影响因素研究——基于珠三角传统产业集群的实证研究[J]. 科技管理研究，34(14)：149-154.

陶良虎，陈得文 . 2008. 产业集群创新动力模型分析[J]. 江海学刊，(4)：210-214.

王钦 . 2011. 技术范式、学习机制与集群创新能力[J]. 中国工业经济，(10)：141-150.

赵岳，谭之博 . 2012. 电子商务、银行信贷与中小企业融资——一个基于信息经济学的理论模型[J]. 经济研究，(7)：99-112.

周泯非，魏江 . 2009. 产业集群创新能力的概念、要素与构建研究[J]. 外国经济与管理，3(9)：9-17.

Capello R. 1999. Spatial transfer of knowledge in high technology milieux: learning versus collective learning processes[J]. Regional Studies, (4): 352-365.

Dutta S, Narasimhan M, Rajiv S. 2005. Conceptualizing and measuring capabilities: methodology and empirical application[J]. Strategic Management Journal, 26(3): 277-285.

Giuliani E. 2002. Cluster absorptive capability: an evolutionary approach for industrial clusters in developing countries[R]. Paper Presented at the DRUID Summer Conference Copenhagen/Elsinore.

Heidenreich M. 2005. The renewal of regional capabilities experimental regionalism in Germany [J]. Research Policy, 34(5): 739-757.

Lavie U. 2006. Capability reconfiguration: an analysis of incumbent responses to technological change [J]. Academy of Management Review, 3(1): 153-174.

Lawson C. 1999. Towards a competence theory of the region[J]. Cambridge Journal of Economics, 23(2): 151-166.

Lawson C, Lorenz E. 1999. Collective learning, tacit knowledge and regional innovative capacity [J]. Regional Studies, 33(4): 305-317.

Maskell P, Malmberg A. 1999. Localised learning and industrial competitiveness[J]. Cambridge Journal of Economics, (2): 167-185.

产业多样化能够促进地区经济增长吗？
——来自中国的证据[*]

张 辽

（杭州电子科技大学经济学院，浙江，杭州，310018）

摘 要 本文以1998～2012年我国30个省（自治区、直辖市）的面板数据为样本，从实证角度考察产业多样化对我国不同地区及不同时期经济增长的影响，并利用熵指标分解方法将产业多样化水平分解为无关多样化和相关多样化，进一步检验了多样化的经济增长效应。研究发现，相关多样化和无关多样化水平在东、中、西部三大区域的空间极化特征比较明显，但是从变化趋势来看区域内的产业多样化水平呈现加速收敛趋势；产业多样化变化1百分点，引致地区经济增长水平提升0.049百分点，同时发现多样化与经济增长间存在倒"U"形关系，即地区产业多样化水平存在一个最优值而并非越高越好；相关多样化能够显著促进地区经济增长，而无关多样化的估计系数为—0.097，对地区经济增长有明显的阻碍作用。此外，我国产业多样化发展对经济增长的影响在全国及三大区域存在明显的异质性效应。

关键词 无关多样化；相关多样化；空间极化

中图分类号：F124.1 **文献标识码：A**

一、引 言

长期以来，在新古典经济增长理论框架中，专业化分工能够通过劳动力市场共享、

————————

* ［基金项目］：本文受到教育部人文社会科学研究青年项目（项目编号：14YJC790168）、浙江省教育厅科研项目（项目编号：Y201432112）和杭州电子科技大学人文社科基金（KY2155615007）的资助。

　［作者简介］：张辽（1984—）男，汉族，河南光山人。杭州电子科技大学经济学院讲师，经济学博士。研究领域：区域经济、产业经济。通信地址：浙江省杭州市下沙高教园区杭州电子科技大学（下沙校区）经济学院，邮编：310018。Email：zl84410@163.com。电话：15168345351。

知识技术外溢和中间产品的规模经济等渠道为地区经济发展带来显著的外部正效应。学术界也更多关注专业化的经济增长效应，而将产业的多样化视为"黑箱"，忽略了其在生产效率改进、技术创新吸收以及为生产活动提供多样化中间产品共享等方面具有的重要作用。尤其是在经济全球化不断深入的今天，一个国家或地区在广泛融入世界经济体系时能够利用专业化分工充分发挥自身的比较优势、能够给本地区经济带来迅速发展的同时却降低了抵御外部经济波动干扰的能力。因而，如何调整和优化地区产业结构维持经济平稳增长成为各个国家和地区面临的重要任务。然而，在当前生产专业化分工不断细化的背景下，产业间的联系及其对地区经济增长的影响机理也变得更为复杂，这就需要从产业内部的角度来探究产业多样化在地区经济稳定增长中所发挥的作用。

就产业多样化是否有利于地区经济可持续增长这一问题而言，归根结底其是属于一个国家或地区经济成分与经济发展之间的关系问题。事实上，我国在对外改革开放的进程中正是依靠产业类型的不断引入和规模的不断扩张这一模式来实现产业快速发展的，这种依赖产业"外延式"的发展路径会提高地区产业多样化水平，使我国成为名副其实的"世界加工工厂"。但是多样化发展思路也给各地区经济发展带来一定的负面影响，如产业发展的盲目性致使有限的资源在空间上分散，从而有损区域经济的发展及竞争力的提升。因而，理论和实践均要求我们对产业多样化有更加足够的认识，需要理性地思考这种产业多样化发展模式是否有利于我国产业竞争优势的凝聚和提升，以及是否能够促进地区经济的可持续增长。

因此，本文针对多样化的产业格局是否能促进地区经济增长这一议题，尝试从实证角度检验区域层面的产业多样化与经济发展绩效之间的关系。目的在于从理论上帮助探究产业多样化的经济增长机理，揭开产业多样化这一"黑箱"的面纱。从实践上，为我国地区的产业结构的调整和优化提供更具可操作性的政策建议。

二、文　献　回　顾

一直以来，经济理论认为经济增长是要素投入和效率改善的结果，以至于产业的多样化与经济增长之间的关系被大多数学者忽略。直到如何实现产业结构转型升级成为各国和各地区经济可持续发展所不可回避的重要问题时，产业多样化与经济增长间的关系这一问题才逐渐进入人们的视野，但截至目前关于产业多样化对经济增长的影响并没有取得一致的结论。早期的研究，如 Glaeser 等(1992)利用美国的工业数据实证检验了多样化与经济增长间的关系，发现产业多样化不仅能够促进经济增长，而且这种正向作用会随着多样化水平的提高而逐渐增强(Glaeser et al.，1992)。Henderson(1997)的研究则发现高科技产业的多样化集聚对经济增长的影响更为显著。Combes(2000)利用法国的工业数据进行经验分析，发现多样化能够显著促进服务业部门的经济增长，但其增长效应在其他部门却并不明显。由于产业多样化反映一个国家和地区的经济构成，而技术进步带来更多新产品、新业态和新要素的产生，从而极大地改变经济构成和多样化水平，所以从这个角度上看多样化水平的提高是经济增长的必要条件。van Soest 等(2006)甚至认为多样化作为经济构成的重要组成部分在经济增长中发挥了源泉的作用。后来一些学者将产业多样化的作用延伸到城市经济增长的研究领域中，如 Hanson(2001)发现城市地区产业类型的多少直接影响该城市地区的经济增长速度。

近年来，在调整经济结构促进经济发展方式转变这一大背景下，国内的学者及决策者积极关注我国产业多样化的特征和演进规律，并围绕产业多样化的经济增长效应问题开展深入的研究，如陈良文和杨开忠(2006)利用我国省际数据进行的实证研究结论均支持产业多样化对我国各地区经济增长有明显的促进作用。李金滟和宋德勇(2008)等从城市产业多样化的角度认识其外部经济性，指出生产者和消费者具有的多样化城市偏好导致城市产业多样化对区域经济产生明显的正向影响。任晶和杨青山(2008)则认为城市产业多样化能够形成显著增长效应的原因在于其有效地促进了创新和知识溢出。吴三忙和李善同(2011)从产业增长的视角实证考察了多样化对制造业增长的影响，研究结论指出多样化对地区制造业增长具有正向作用，但是该效应的大小在不同的地区、不同的行业存在明显的差异。孙晓华和周玲玲(2013)基于集聚经济的外部性理论，实证检验了不同城市规模下城市产业多样化对城市经济增长的影响，研究发现多样化的外部经济效应大小与城市规模存在一定的联系，多样化在大城市的增长效应较在中小城市的要更加明显。

与此同时，国内外一些学者的研究对多样化能否促进经济增长给出了截然相反的论断，如 Hanson(2001)利用美国城市产业数据进行实证分析，结果并没有发现多样化与城市经济增长之间存在某种相关性。Gao(2004)甚至得出多样化对产业经济增长不存在任何影响的结论。国内的陈良文和杨开忠(2006)采用我国的各省区的工业数据进行研究，发现多样化的外部经济效应在经济增长上表现的并不明显，但是后者在采用各行业的就业数据进行研究时却得到相反的结论。赵建吉和曾刚(2009)在研究中原地区城市多样化问题时，不仅否定了多样化具有产业增长效应，还指出多样化在一定程度上阻碍了中原地区的经济增长。另外，一些学者，如薄文广(2007)研究发现了多样化对经济增长的影响的表现并非为简单的促进或抑制，二者实际上呈现了非线性关系，即多样化水平较低时阻碍经济增长，而当多样化水平发展到一定程度时则有利于经济增长。苏华(2012)则采用非参数估计的方法拟合出多样化与经济增长之间存在稳健的倒"U"形关系。

此外，随着产业多样化理论研究的逐渐深入，国内外学者不断尝试从新的角度审视产业多样化的内涵，如Frenken等(2007)首次用熵测度方法将产业多样化分解为相关多样化(related diversification，RV)和无关多样化(unrelated diversification，UV)，并分别研究了二者对地区经济发展的影响，发现相关多样化的外部经济效应能够有利于产出增长，而无关多样化则通过投资组合效应有益于地区经济稳定。后来一些学者在Frenken等(2007)的基础上进一步指出，相关多样化能够诱发部门间知识溢出、相互学习和创新而促进经济增长。国内的学者张德常(2009)分别实证检验了我国制造业相关多样化和无关多样化对地区经济发展的作用，发现二者影响地区经济发展的途径主要是提高就业增长率。而孙晓华和柴玲玲(2012)根据我国地级市的面板数据进行了实证分析，结果表明相关多样化能显著促进地区经济增长，而无关多样化仅发挥经济稳定器的功能。

上述的研究成果对全面认识多样化与经济增长的关系具有重要意义。但相关研究还存在以下不足：第一，多数的研究仅限于从静态的角度研究多样化与经济增长间的单向关系，而忽略了地区经济增长本身可能会对多样化产生的影响；第二，注重多样化影响经济增长的内在机理的同时，却忽视了产业多样化水平随着地区经济发展水平的变化而不断演进这一规律。受上述两个方面的限制，现有的研究不足以为像我国这样区域经济发展极其不平衡的国家或地区提供有价值的参考。因此，本文以1998～2012年我国30个省(自治区、直辖市)面板数据为样本，从实证角度考察产业多样化对我国不同地区及不同时期经济增长的影响，以期能为我国产业结构调整及区域经济发展提供政策参考。

三、模型、变量与数据

为了实证考察我国产业多样化发展对地区经济增长的影响，本文构建了如下动态面板数据模型：

$$Y_{it} = \alpha_0 + \alpha_1 Y_{it-1} + \alpha_2 TV_{it} + \alpha_3 \overline{X}_{it} + \mu_{it}$$

其中，i为地区；t代表时期；Y_{it}代表被解释变量经济增长；TV_{it}为解释变量产业多样化水平；$\overline{X}_{it}$ 为影响地区经济增长的其他控制变量；μ_{it} 为随机误差扰动项。本文选择的控制变量有资本积累(zbjl)、人力资本存量(rlzb)、技术水平(jssp)、基础设施(jcss)、贸易开放度(mykfd)和金融发展水平(jrfz)等。

对于被解释变量经济增长(Y_{it})通常用国内生产总值(GDP)、GDP 增长率及人均 GDP 等指标来度量。为了体现经济增长的质量，本文选择以 1998 年为基期的消费者物价指数(consumer price index，CPI)对地区人均 GDP 进行平滑处理，得到地区人均实际 GDP 并作为被解释变量的度量指标。

关于解释变量产业多样化(TV_{it})，本文沿用多数学者普遍认可的方法，即由 Haekbart 和 Anderson(1975)借鉴 Shannon 提出的熵(entropy)测度法，假定经济系统由 n 个行业部门组成，且地区 i 任意行业部门 $\lambda = (1，2，3，\cdots，n)$ 在 t 时期的产值(或者就业)占总产值(总就业)的比重为 $P_{\lambda t}$，则地区产业多样化可以表示为

$$TV_{it} = \sum_{\lambda=1}^{n} P_{\lambda t} \ln\left(\frac{1}{P_{\lambda t}}\right)$$

但是产业多样化的这一界定只是考虑到不同产业的产值(就业)分布，不能充分反映不同行业间的联系。Boschma(2009)也指出不同形式的产业多样化会产生不同的经济效果，所以本文借鉴 Frenken 等(2007)的观点，将产业多样化分解为相关多样化(UV_{it})和无关多样化(RV_{it})。假定 λ_2、λ_5 分别代表某两位数行业和五位数行业，那么：

$$UV_{it} = \sum_{\lambda_2=1}^{n} P_{\lambda_2} \ln\left(\frac{1}{P_{\lambda_2 t}}\right)，RV_{it} = \sum_{\lambda_2=1}^{n} P_{\lambda_2} H_{\lambda_2}，且\ H_{\lambda_2} = \sum_{\lambda_5 \in \lambda_2} \frac{P_{\lambda_5}}{P_{\lambda_2}} \ln\left(\frac{1}{P_{\lambda_5}/P_{\lambda_2 t}}\right)$$

其中，P_{λ_5}、P_{λ_2} 分别为该两位数行业和五位数行业的产值(或者就业)占总产值(总就业)的比重[①]。

对于其他控制变量，资本积累(zbjl)的衡量在多数的文献中普遍使用总储蓄率，但是本文采用资本积累率来替代，具体用地区资本形成总额除以 GDP 得到；人力资本存量(rlzb)为从业人员数量(L)与平均受教育年限(H)的乘积；技术水平(jssp)目前已有的研究对于地区技术水平的测度并没有形成统一的观点，如有的研究用地区技术市场成交额、人均科研经费支出等指标表示，而本文采用地区 R&D 经费投入占 GDP 的比重来表示；基础设施(jcss)变量用千米里程数/万平方千米计

---

① 本文在具体计算产业多样化过程中，参照多数学者的做法，选择的细分行业包括以下四类，即第Ⅰ类包括煤炭开采和洗选业、石油和天然气开采业等 6 个行业；第Ⅱ类包括农副食品加工业、食品制造业等 10 个行业；第Ⅲ类包括化学原料及化学制品制造业和化学纤维制造业；第Ⅳ类包括黑色金属冶炼及压延加工业、通用设备制造业等 8 个行业，共计 26 个制造业行业。

算得到；贸易开放度（mykf），本文以地区进出口贸易总额占 GDP 的比重这一绝对指标度量；金融发展水平（jrfz）采用地区存贷款总额占 GDP 比重这一规模性指标来表征。

本文实证分析所需样本数据来源为我国 30 个省（自治区、直辖市）1998～2012 年的《新中国六十年统计资料汇编》、历年《中国工业经济统计年鉴》和《中国统计年鉴》，部分数据源于各省区年度统计公报。另外，为了降低异方差及经济变量的结构突变带来的年度数据变化幅度过大问题给模型的估计造成的影响，对上述变量均进行对数化处理。另外，本文运用 1998～2012 年的数据计算了我国 30 个省（自治区、直辖市，不包含港澳台和西藏）的多样化总水平及其相关多样化、无关多样化水平。

四、实证分析结果

（一）全国样本数据的估计结果

由于本文为了考察产业多样化对地区经济增长的影响，同时进一步揭示被解释变量动态变化效应，引入滞后一期因变量作为解释变量，构建了动态面板数据模型，显然模型会更容易出现内生性问题，因而得到有偏估计，而系统广义矩（system generalized method of moments，SYS-GMM）估计不仅可以避免小样本数据导致的估计偏差问题，同时在选择因变量滞后期作为工具变量时无需考虑异方差和序列相关，进而估计结果更为有效。鉴于此，本文采用 SYS-GMM 估计方法进行检验，结果见表 1。这里可以利用 Bond（2002）提出的一个经验判断法来进一步验证 SYS-GMM 估计结果的有效性，以 lnregdp（−1）为例，SYS-GMM 估计系数的范围为[0.416，0.921]，大于混合最小二乘法（pooled least square，PLS）回归系数（0.010）而小于固定效应（fixed effects model，FE）回归系数（0.926），可见 SYS-GMM 估计结果是有效的。

表 1　全国样本数据回归结果

解释变量	PLS	FE	SYS-GMM							
	模型一	模型二	模型三	模型四	模型五	模型六	模型七	模型八	模型九	模型十
L1.lnregdp	0.010**	0.926**	0.917	0.921*	0.787*	0.416**	0.433**	0.462***	0.461**	0.409***
	(2.39)	(2.55)	(0.91)	(1.46)	(1.53)	(2.24)	(2.18)	(3.15)	(2.16)	(3.05)

续表

解释变量	PLS	FE	SYS-GMM							
	模型一	模型二	模型三	模型四	模型五	模型六	模型七	模型八	模型九	模型十
lnTV	−0.064	0.067*	−0.085	−0.020	0.031*	0.030	0.038*	0.055*	0.049**	0.056**
	(−0.26)	(1.09)	(−0.71)	(−0.01)	(1.02)	(1.04)	(1.04)	(1.07)	(2.04)	(2.06)
lnzbjl				0.435*	0.484*	0.490*	0.468***	0.443***	0.444***	0.221***
				(1.04)	(1.10)	(1.17)	(3.16)	(3.15)	(4.12)	(4.01)
lnrlzb					0.516	0.223*	0.214*	0.229*	0.238**	0.413**
					(0.06)	(1.08)	(1.06)	(1.66)	(2.05)	(2.04)
lnjssp						0.371**	0.372**	0.378**	0.375**	0.302***
						(2.31)	(2.24)	(2.23)	(2.37)	(3.09)
lnjcss							0.024*	0.025*	0.026*	−0.010
							(1.11)	(1.15)	(1.14)	(−0.02)
lnjrfz								0.053***	0.047***	0.027***
								(3.06)	(3.07)	(3.04)
lnmykf									0.016*	0.048*
									(1.01)	(1.02)
$lnTV^2$										−0.025**
										(−2.15)
C	0.091*	−0.059	0.044*	0.190*	−0.494	0.595*	0.516**	0.495**	0.326**	0.804**
	(1.84)	(−0.39)	(1.09)	(1.05)	(−0.04)	(1.14)	(2.15)	(2.11)	(2.09)	(2.01)
AR(1)			−0.820	−0.570	−0.348	−0.231	−0.191	−0.170	−0.188	−0.131
			(0.003 7)	(0.008 1)	(0.007 2)	(0.007)	(0.008 3)	(0.004 9)	(0.000 2)	(0.007 0)
AR(2)			−0.214	−0.083	−0.216	−0.229	−0.215	−0.148	−0.108	−0.283
			(0.889)	(0.933 5)	(0.828 3)	(0.818)	(0.829 3)	(0.881 9)	(0.913 6)	(0.737 5)
Sargan 检验			29.916	29.837	29.878	29.374	28.954	29.069	29.062	28.649
			(1.000 0)	(1.000 0)	(1.000 0)	(1.000 0)	(1.000 0)	(1.000 0)	(1.000 0)	(1.000 0)

*、**、*** 分别表示在 10%、5%、1%水平上显著

注：AR(1)、AR(2)的检验结果中括号中为 P 值，其余括号中为 t 值

为了提高产业多样化与经济增长相关性检验结果的稳健性，我们采取逐一加入其他控制变量的做法。由模型一～模型十的估计结果可以发现，人均实际 GDP 滞后项的估计系数显著为正，表明经济增长具有持续性；产业多样化(TV_{it})对地区经济增长的影响也十分明显，且回归系数的显著程度随着其他控制变量的逐一引入而不断增强，如在模型九中，产业多样化水平变化 1 百分点，引致地区经济增长水平提升 0.049 百分点。尽管模型一和模型三的估计系数为负，但没有通过显著性检验。因此，这一结论与很多学者，如张德常(2009)的观点基本吻合。

与传统经济增长理论预期的方向一致，资本积累、人力资本、技术水平、基础设施等投入要素均与经济增长呈正向相关关系。此外，随着经济全球化进程的逐渐深入，

一个国家或地区能否最大限度地参与国际分工并优化资源配置，将直接决定其经济增长的潜力和质量，而地区对外开放和金融发展水平的不断提升则极大程度上拓展了资源要素空间配置形态，为此在模型八和模型九中加入贸易开放度和金融发展两个变量，结果表明二者对经济增长均有显著促进作用，如模型九中 mykf、jrfz 每上升 1 百分点经济增长水平提高 0.016% 和 0.047%。

此外，我们的动态面板模型虽然指出产业多样化能够在一定程度上促进地区经济的发展，然而这种正向效应一定是线性的吗？为了检验二者之间是否存在非线性关系，将在模型十中加入产业多样化平方项 TV^2，结果显示回归系数为 −0.025（显著），表明多样化与经济增长间存在倒"U"形关系，地区产业多样化水平存在一个最优值而并非越高越好。

(二)相关与无关多样化对经济增长的回归结果

由回归结果(表 2)可以发现，相关多样化与无关多样化是全国及东、中、西部三大区域经济增长的重要影响因素。

表 2　无关多样化和相关多样化对全国及三大地区的回归结果

解释变量	全国		东部		中部		西部	
	差分 GMM	SYS-GMM	差分 GMM	SYS-GMM	差分 GMM	SYS-GMM	差分 GMM	SYS-GMM
L1. lnregdp	0.414*	0.467*	0.256	0.524*	0.563***	0.744***	−0.680	0.006*
	(1.06)	(1.16)	(0.03)	(1.08)	(6.38)	(7.31)	(−0.58)	(1.01)
lnUV	−0.039**	−0.097**	0.009	−0.118**	0.152*	−0.107*	0.634*	0.184*
	(−2.02)	(−2.06)	(0.01)	(−2.01)	(1.72)	(−0.155)	(1.13)	(1.27)
lnRV	0.043**	0.042***	0.040	0.071	0.016*	0.039*	0.065**	0.034**
	(2.07)	(3.03)	(0.02)	(0.09)	(1.19)	(1.56)	(2.39)	(2.43)
lnzbjl	0.221*	0.439*	1.016*	0.970*	0.225*	0.343**	−0.621	−3.011**
	(1.01)	(1.08)	(1.08)	(1.15)	(1.51)	(2.35)	(−0.84)	(−2.54)
lnrlzb	0.436*	0.257*	0.147	0.104*	1.178***	−0.132	0.292**	0.506*
	(1.04)	(1.03)	(0.01)	(1.03)	(3.73)	(−0.75)	(2.99)	(1.79)
lnjssp	0.290*	0.366**	0.385**	0.190**	0.043***	0.201***	1.153*	0.579*
	(1.08)	(2.36)	(2.06)	(2.05)	(5.82)	(4.07)	(1.73)	(1.19)
lnjrfz	−0.009*	−0.024*	−0.002	−0.006	−0.003	−0.015*	0.041**	0.350*
	(−1.02)	(−1.14)	(−0.01)	(−0.03)	(−0.41)	(−1.89)	(2.43)	(1.58)

续表

解释变量	全国		东部		中部		西部	
	差分 GMM	SYS-GMM	差分 GMM	SYS-GMM	差分 GMM	SYS-GMM	差分 GMM	SYS-GMM
lnjcss	0.127 ***	−0.047	0.048 ***	0.164 **	0.154 *	−0.058	−0.130	0.984 ***
	(3.04)	(−0.08)	(4.01)	(2.05)	(1.91)	(−0.92)	(−0.37)	(3.68)
lnmykf	0.051	−0.014	0.066 **	0.040 **	0.077 *	0.100 *	0.249	0.471 *
	(0.02)	(−0.01)	(2.03)	(2.02)	(1.22)	(1.66)	(0.99)	(1.48)
C	0.587 *	3.134 **	5.883	2.826 **	−8.182 **	4.946 ***	−22.495 **	−3.459
	(1.09)	(1.04)	(−0.04)	(2.04)	(−2.84)	(3.22)	(−2.13)	(−0.35)
AR(1)	−0.104	−0.157	−0.045	−0.080	−0.065	−0.049	0.059	0.064
	(0.006 8)	(0.004 8)	(0.003 4)	(0.005 5)	(0.003 4)	(0.006 5)	(0.000 2)	(0.003 9)
AR(2)	0.092	0.165	0.057	0.062	0.043	0.042	0.053	0.65
	(0.926 6)	(0.868 5)	(0.954 2)	(0.990 4)	(0.954 2)	(0.896 4)	(0.767 6)	(0.742 1)
Sargan 检验	29.257	28.679	27.336	27.517	31.867	29.537	24.814	25.630
	(1.000 0)	(1.000 0)	(1.000 0)	(1.000 0)	(1.000 0)	(1.000 0)	(1.000 0)	(1.000 0)

*、**、*** 分别表示在 10%、5%、1%水平上显著

注：AR(1)、AR(2)的检验结果中括号中为 P 值，其余括号中为 t 值

就全国而言，SYS-GMM 的结果表明相关多样化水平(RV_{it})上升 1 百分点，地区经济增长水平增加 0.042%，说明相关多样化能够显著促进地区经济增长。而无关多样化(UV_{it})的估计系数为−0.097，说明其对地区经济增长有明显的阻碍作用。这一结论不仅与理论预期基本一致，也同其他一些学者，如孙晓华和柴玲玲(2012)的实证结论吻合。但也有学者，如张德常(2009)的实证研究指出相关多样化和无关多样化都能够显著提高就业增长率而促进经济增长。

对于东、中、西部三大区域 RV_{it} 的 SYS-GMM 估计结果分别为 0.071、0.039 和 0.034，回归系数表明相关多样化与经济增长呈正相关关系。从影响程度来看，东部地区产业相关多样化对地区经济增长的作用最为明显。而无关多样化(UV_{it})的影响则具有明显的地区差异，特别是与全国样本数据估计结果相反的西部地区，其无关多样化程度提升 1%带来地区经济增长上升 0.184%，而东部和中部地区的结果分别为−0.118%(显著)、−0.107%(不显著)。这一结论显然与魏玮和郑延平(2013)的无关多样化仅有利于经济稳定而无益于经济增长的观点不同。可见，不同地区基于比较优势和区域分工形态的差异，全国样本下的无关多样化阻碍经济增长的结论并不适合所有地区。

（三）分阶段性产业多样化对地区经济增长的回归结果

在利用全国样本数据检验产业多样化对地区经济增长的影响后，将进一步从不同时期考察全国及三大区域产业多样化的异质性效应。本文将1998～2012年样本期以5年为一个阶段，细分为三个子样本分别进行SYS-GMM估计，回归结果如表3所示。由回归结果可以发现，不同时期产业多样化对地区经济增长的影响系数的显著性不同，如在1998～2002年，全国及中、西部地区的参数估计结果通过显著性检验，而东部地区回归结果不显著；在2003～2007年，产业多样化对全国和中部地区经济增长的影响通过了1%的显著性检验，而东部和西部地区的估计结果在10%的水平显著。在2008～2012年，全国及三大区域的估计结果均通过了显著性检验。

从影响的方向来看，全国层面的产业多样化与经济增长之间在2003～2007年和2008～2012年为显著正相关，而在1998～2002年却表现为负相关，说明整体上我国产业多样化发展对经济增长并不是在任何时期都具有促进作用。而就三大区域而言，1998～2002年产业多样化发展均阻碍了地区经济增长，但东部和中部在2003～2007年和2008～2012年均由负相关演变为正相关。而西部地区产业多样化发展在三个阶段都表现为负效应。比较不同时期产业多样化影响的程度，全国及三大区域经济增长受到多样化的促进或者抑制作用在逐渐减小。例如，1998～2002年全国层面多样化水平提升1百分点，将导致全国经济增长水平下降0.944百分点，而在2008～2012年这一数值下降到0.013（影响系数由负转正）。东部地区2003～2007年产业多样化对地区经济增长的促进作用为0.076，而这一正向效应在2008～2012年下降为0.071。

此外，比较产业多样化与其他控制变量在地区经济增长中的重要性可以发现，在1998～2002年，技术水平、人力资本与产业多样化是影响全国及东部地区经济增长的主要因素，而对于中西部地区而言，资本积累、人力资本的作用更为明显。2003～2007年和2008～2012年金融发展水平和贸易开放度的促进作用日益突出，而资本、劳动力等投入类要素的作用不断下降。

表3 分阶段回归结果

解释变量 / 变量	1998~2002年 全国	东部	中部	西部	2003~2007年 全国	东部	中部	西部	2008~2012年 全国	东部	中部	西部
L1.lnregdp	0.124* (2.89)	0.766* (1.03)	−0.316 (−0.72)	0.476* (1.33)	0.21*** (6.35)	0.840* (1.42)	0.522*** (4.73)	0.296 (0.06)	0.428** (2.73)	0.051 (0.10)	0.415* (1.54)	0.481 (0.24)
lnTV	−0.944 (−1.14)	−0.083 (−1.03)	−0.486* (−1.92)	−0.804* (−1.27)	0.06*** (3.37)	−0.076* (−1.14)	−0.090*** (−3.53)	−0.073* (−1.04)	−0.013 (−1.23)	0.071* (1.85)	0.590** (2.63)	−0.31** (−2.13)
lnzbjl	−0.062* (−2.20)	−0.046 9 (−0.01)	−0.038* (−1.14)	−1.704 (−0.26)	−0.13** (−2.91)	−0.31* (−2.08)	−0.067* (−1.14)	0.669* (2.01)	−0.128* (−1.94)	−0.926* (−1.02)	0.147** (2.06)	−0.358* (−1.71)
lnrlzb	0.184* (2.62)	−0.043 (−1.03)	4.874* (1.84)	0.38* (3.03)	0.03* (3.17)	0.23** (3.10)	0.783* (1.61)	−0.165 (−0.05)	0.476* (1.13)	0.2*** (4.13)	−0.100 (−0.23)	0.144* (1.29)
lnjssp	0.52*** (3.39)	0.130** (2.01)	0.402*** (2.54)	−0.253 (−0.11)	0.030* (1.43)	0.070* (1.04)	−0.334 (−1.45)	−0.256 2 (−0.03)	0.293* (1.61)	0.51*** (4.18)	−0.28* (−2.03)	−0.167 (−0.06)
lnjrfz	−0.001* (−1.55)	−0.003 (2.01)	0.015* (1.17)	0.141* (1.32)	−0.02** (−2.69)	−0.260 (−0.19)	−0.015** (−3.07)	1.636 (0.05)	0.027* (2.32)	0.03*** (3.28)	−0.076* (−2.13)	−0.348 (−0.19)
lnjcss	0.188* (1.95)	0.091* (−0.01)	0.206* (2.87)	0.564** (2.11)	0.24*** (3.66)	0.100* (1.59)	0.289*** (3.58)	0.813** (2.05)	0.419** (1.89)	0.306 (0.90)	0.078* (1.84)	0.016* (1.12)
lnmykf	0.12*** (3.89)	0.008** (1.01)	0.550* (1.09)	0.013** (2.03)	0.176* (1.29)	0.224** (1.13)	0.156** (2.98)	0.283** (2.02)	0.018** (3.30)	0.27*** (3.11)	0.675*** (2.43)	0.001*** (4.15)
C	0.12*** (4.21)	0.847*** (2.72)	−0.334* (−1.20)	0.91*** (3.02)	−0.886 (−0.70)	−0.596* (−0.03)	−0.486* (−1.57)	0.577* (1.05)	0.602* (1.86)	0.466* (1.01)	−0.283* (−1.90)	−0.185 (−0.03)
AR(1)	0.004	0.001	0.0028	0.0013	0.0079	0.0024	0.0077	0.0014	0.0015	0.0013	0.0056	0.007 6
AR(2)	0.562 8	0.940 5	0.490 5	0.924 2	0.244 2	0.995 3	0.227 9	0.805 0	0.629 7	0.535 8	0.742 9	0.958 2
Sargan检验	15.514 (1.00)	6.427 (1.00)	10.635 5 (1.000)	12.893 (1.000)	13.475 (1.000)	15.765 (1.000 0)	16.482 (1.000 0)	22.778 (1.000 0)	18.786 (1.000 0)	22.278 (1.000 0)	20.381 (1.000)	26.301 (1.000)

*、**、*** 分别表示在10%、5%、1%水平上显著

注：括号中为 t 值；AR(1)、AR(2)给出的是与统计量对应的 P 值

五、结论及启示

本文以 1998～2012 年我国 30 个省（自治区、直辖市）的面板数据为样本，从实证角度考察产业多样化对我国不同地区及不同时期经济增长的影响，并参照已有的方法利用熵指标分解方法将产业多样化水平（TV）分解为无关多样化（UV）和相关多样化（RV），进一步检验了多样化的经济增长效应。研究发现：我国省区产业多样化水平的计算结果表明，相关多样化和无关多样化水平在东、中、西三大区域的空间极化特征比较明显，但是这种地区差异在近些年产业转移的推动下进一步缩小，并且从变化趋势来看区域内的产业多样化水平呈现加速收敛趋势，这一点与张德常（2009）的研究结论基本吻合。表明发生在沿海与内陆间的产业转移在优化产业空间布局、实现地区产业由专业化向多样化转变方面发挥了积极作用。在全国样本数据的估计结果中，SYS-GMM 估计结果显示产业多样化（TV_{it}）变化 1 百分点，引致地区经济增长水平提升 0.049 百分点，与苏华（2012）的研究完全一致，本文同样发现多样化与经济增长间存在倒"U"形关系，地区产业多样化水平存在一个最优值而并非越高越好。而就相关多样化与无关多样化对经济增长的影响来看，相关多样化能够显著促进地区经济增长。而无关多样化（UV_{it}）的估计系数为 -0.097，对地区经济增长有明显的阻碍作用，从影响程度来看，东部地区产业相关多样化对地区经济增长的正向作用最为明显，但无关多样化（UV_{it}）的影响则具有显著的地区差异。进一步从不同时期考察全国及三大区域产业多样化的异质性效应可以发现，从影响的方向来看，全国层面的产业多样化与经济增长之间在 2003～2007 年和 2008～2012 年为负相关，而在 1998～2002 年却表现为负相关，说明整体上我国产业多样化发展对经济增长并不是在任何时期都具有促进作用。

本文的研究结论的政策含义也具有一定的理论价值。其一，我们在看到产业多样化发展对地区经济增长具有促进作用的同时，不能忽略多样化水平并非越高越好这一结论，应该依据自身经济发展水平设计和调整产业格局，在经济发展水平较低时充分发挥本地化经济的优势，鼓励专业化分工实现地区间的合理分工协作。当经济发展到一定阶段，应该积极促进多种产业协同发展，发挥多样化的增长效应。其二，分地区的回归结果表明产业多样化的增长效应不仅依赖多样化产业的性质，而且与地理区位条件密切相关。所以不同地区地方政府不能一味地引入外部产业、企业促进多样化产业创新演变，更应该依据本地区的比较优势和相关产业的关联特征突出产业多样化的经济增长效应。

参 考 文 献

薄文广 . 2007. 外部性与产业增长——来自中国省级面板数据的研究[J]. 中国工业经济，(1)：37-44.

陈良文，杨开忠 . 2006. 地区专业化、产业集中与经济集聚——对我国制造业的实证分析[J]. 经济地理，(12)：72-75.

李金滟，宋德勇 . 2008. 专业化、多样化与城市集聚经济——基于中国地级单位面板数据的实证研究[J]. 管理世界，(2)：25-34.

任晶，杨青山 . 2008. 产业多样化与城市增长的理论及实证研究——以中国 31 个省会城市为例[J]. 地理科学，(5)：631-635.

苏华 . 2012. 中国城市产业结构的专业化与多样化特征分析[J]. 人文地理，(1)：98-101.

孙晓华，柴玲玲 . 2012. 相关多样化、无关多样化与地区经济发展——基于中国 282 个地级市面板数据的实证研究[J]. 中国工业经济，(6)：5-17.

孙晓华，周玲玲 . 2013. 多样化、专业化、城市规模与经济增长——基于中国地级市面板数据的实证检验[J]. 管理工程学报，(2)：71-78.

魏玮，郑延平 . 2013. 相关与无关多样化对地区经济发展的影响研究——基于省际面板数据的实证检验[J]. 统计与信息论坛，(10)：49-55.

吴三忙，李善同 . 2011. 专业化、多样化与产业增长关系——基于中国省级制造业面板数据的实证研究[J]. 数量经济技术经济研究，(8)：21-34.

张德常 . 2009. 多样化、外部效应与地区经济发展——基于我国制造业数据的实证研究[J]. 南方经济，(5)：58-68.

赵建吉，曾刚 . 2009. 专业化、多样化与产业增长——以中原城市群为例[J]. 经济问题探索，(8)：18-22.

Bond S. 2002. Dynamic panel data models：a guide to micro data methods and practice[J]. Portuguese Econmic Journal，1(2)：141-162.

Boschma L S. 2009. Related variety, trade linkages and regional growth in Italy[J]. Economic Geography，(3)：289-311.

Combes P P. 2000. Economic structure and local growth：france, 1984-1993[J]. Journal of Urban Economics，47：329-355.

Frenken K，van Oort F，Verburg T. 2007. Related variety, unrelated variety and regional economic growth[J]. Regional Studies，41(5)：685-697.

Gao T. 2004. Regional industrial growth：evidence from Chinese industries[J]. Regional Science and Urban Economics，(34)：3-37.

Glaeser E L, Kallal H D, Scheinkman J A. 1992. Growth in cities[J]. Journal of Political Economy, 100(6): 97-119.

Haekbart M M, Anderson D A. 1975. Measure economic diversification[J]. Land Economics, 51(4): 374-375.

Hanson G H. 2001. Scale economies and the geographic concentration of industry[J]. Journal of Economic Geography, 1(3): 255-276.

Henderson J V. 1997. Medium size cities[J]. Regional Science and Urban Economics, 27(6): 583-612.

Shannon C E. 1948. A mathematical theory of communication[J]. Bell System Technical Journal, 27: 379-423.

van Soest D P, Gerking S, van Oort F G. 2006. Spatial impacts of agglomeration externalitier[J]. Journal of Regional Science, 46(5): 881-899.

"两化"融合下制造企业竞争力提升的机制与路径分析[*]

孙景蔚

（杭州电子科技大学经济学院，浙江，杭州，310018）

摘　要　信息技术在数据处理速度和网络规模两个维度上的推进，重塑了制造业的产业生态，使制造企业在管理、研发、生产、销售等各个环节都面临深刻的变革。大数据几乎可以为制造企业的每个环节带来新思维和新价值，是制造企业竞争力的新源泉。以大数据为基础构建新型客户关系管理系统，以该系统为中心和客户信息挖掘为依托进行生产和管理流程再造、新产品研发设计、营销战略规划、推进绿色制造，已成为工业化和信息化融合下制造企业提升竞争力路径的必然选择。

关键词　两化融合；企业竞争力；大数据

中图分类号：F49　　文献标识码：A

一、引　言

　　企业竞争力是指在竞争性市场上，一个企业所具有的能够持续地比其他企业更有效地向市场提供产品或服务，并获得赢利和自身发展的综合素质（金碚，2001）。我国制造企业大都处于竞争性市场，竞争力既是其追求的目标也是其生存的基础。在现代信息技术催生的信息化浪潮兴起后，制造企业的经营生态不断为其所重塑，信息化与工业化（简称两化）的融合度不断提高，使制造企业竞争力深受影响。樊学谆（2010）对

---

　　* ［基金项目］：浙江省社会科学规划项目"垂直专业化下产业竞争力理论概念内涵的扩展与竞争力最优提升路径研究"（11JCYJ04YB）。

　　［作者简介］：孙景蔚（1968—），男，湖南常德人，副教授，研究方向为产业经济与国际贸易。

青铜峡铝业股份有限公司的案例研究表明，两化融合有助于企业优化业务流程、提升各部门的协同能力、提升产品设计能力和节能减排效率等，因而有利于企业竞争力的提升。洪岭(2012)对青岛红领集团的案例研究表明，两化融合对红领集团实现企业战略目标、转变企业发展方式、突破企业管理瓶颈发挥了积极作用，对提升企业核心竞争力发挥了根本性作用。刘吉超和庞洋(2013)认为两化融合对工业生产组织方式、全球产业结构和分工格局都产生了重大影响，以信息化改造生产制造和经营管理全流程、通过服务的信息化将经营重心向产业价值链的两端延伸等已成为制造业提升竞争力的主要路径。林莉等(2012)发现信息化在我国先进轨道交通装备制造业的市场要素、需求状况、相关产业以及企业自身战略的提升上发挥了不可替代的积极作用。从现有文献中不难发现，人们对两化融合促进制造企业竞争力提升基本上持有一致意见，实证分析结果也对相应观点提供了支撑。但是，现有研究主要集中在实证分析和案例研究上，对于两化融合促进制造企业竞争力提升的机制是什么，两化融合下制造企业如何提升自身的竞争力等问题，现有研究尚没有进行深入的理论分析，致使我们对两化融合下制造企业竞争力提升的路径选择的认识仍然模糊。要促进我国制造企业竞争力的提升，实现制造业对西方先进国家的弯道超车，解决这一理论认识问题至关重要。本文拟在分析信息化发展阶段和两化融合水平特点的基础上，探究构建在现代信息技术基础之上的大数据对制造企业竞争力的影响及其作用机制，提出两化融合下我国制造企业竞争力提升的路径选择。本文的研究对于推进两化深度融合具有重要的理论意义，对于提升我国制造企业的竞争力具有重要的实践指导意义。

二、信息化的发展与两化融合的加深

现代信息技术是指管理和处理信息的各种现代技术的总称，主要包括计算机技术和网络技术等。自现代信息技术问世以来，一直沿着数据处理速度和网络规模两个维度进行提升(图1)。如果我们以进入21世纪作为分界线，则可以清楚地发现，在21世纪之前，现代信息技术的发展主要以数据处理速度的提升为标志，大约每隔18个月，以计算机为主的数据处理设备的运算速度便会提高1倍。这期间网络化的发展速度相对缓慢，起初是发展多用户系统，接着是发展企业内部网和局域网系统，而直到20世纪90年代末期广域网才开始得到发展。进入21世纪以后，现代信息技术在数据处理速度的发展上有所放缓，网络规模扩张的速度则大大加快，体现为互联网的用户数急剧增加，互联网的终端类型多样化，一批移动终端得到了快速发展，物联网和工业互联网也进入了大发展时期。根据现代信息技术主导产品的差异，我们将新世纪之前的信息化发展阶段称为计算机时代，之后的阶段称为网络时代。

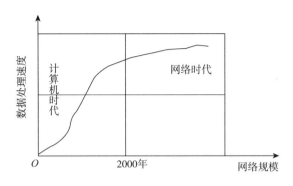

图 1　信息化发展的两个阶段

信息化发展的不同阶段与工业化融合的不同程度，对制造企业竞争力的影响也不一样。在计算机时代，信息化与工业化的融合是一种浅层次的融合，这种浅层次可以从这一时期两化融合的主要产物——制造企业普遍采用的管理信息系统(management information system，MIS)和企业资源计划系统(enterprise resource planning，ERP)的功能看出端倪。管理信息系统是将企业的管理对象抽象为"信息流"，这些信息流一般包括：①人流——企业员工的人事、劳资状况及其变化；②物流——包括企业固定资产和生产资料的流动情况；③资金流——包括企业流动资金、贷款、投资、债务等的变动情况；④公文流——包括文件、通知、合同等文件的发布、抄报、批复和执行等情况；⑤生产信息流——对生产的环境、设备、生产线等进行监控所产生的数据流。为实现对这些信息流的处理和利用，管理信息系统一般包括四大功能：一是实时监控功能——实时监控生产设备的操作、环境状态和安全性能等；二是办公自动化管理——负责公文、档案文件的流转管理；三是人事财务管理——负责企业的人事、财务活动的计算机化管理；四是进销存管理——负责进货、销售、仓储等的管理。由此可见，管理信息系统借助计算机的运算能力及系统对客户订单、企业库存、原材料及其他生产资源的管理能力，可以减少库存、减少人工成本、降低管理成本，对提升企业竞争力具有一定的帮助。进入 ERP 阶段后，以计算机为核心的企业管理系统更为成熟，增加了包括财务预测、生产和资源的调度等方面的功能，可以配合企业进行零库存生产管理、全面质量管理和生产资源调度管理等，对提升企业竞争力的帮助作用更大。但是，无论是 MIS 还是 ERP，其核心思想都是将企业视为一个封闭的系统，认为企业发展主要是依托企业现有的内部资源，较少考虑或没有能力考虑企业之外的信息价值的开发，因而只是一种浅层次的融合，且这种浅层次融合因囿于对企业现有的内部资源(包括信息资源)的开发,难以对企业竞争力产生全方位和革命性的影响。

进入网络时代以后,两化融合便进入一种深层次的融合阶段。这种深层次融合的一个突出特点是它不再将企业视为一个封闭的系统,而是采取一种开放的态度来搜集信息、加工处理信息和开发利用信息,因而能够最大限度地利用信息资源为企业发展服务。网络时代的两化融合的一个突出标志是与制造企业信息价值密切相关的大数据的出现。大数据具有四个特点:一是大容量(volume),是指结构化、半结构化和非结构化的数据呈现爆发式增长,其增速已经超过了传统存储和分析解决方案的发展速度;二是多样性(variety),是指数据来源的多样性,同时也是指数据结构的多样性,如电子邮件、社交媒体、视频、图像、博客和传感器数据以及"阴影数据"(包括访问日志、网络搜索历史记录等);三是高速率(velocity),是指数据生成和处理的速率非常快,在很多情况下已接近实时处理;四是高价值(value),是指数据已成为企业的新型资产,是竞争力的重要来源,与曾经广为提倡的"品牌价值化"一样,"数据价值化"已经成为企业提高竞争力的下一个关键点。大数据之所以对制造企业竞争力具有全方位和革命性影响,在于其从根本上变革了人们的思维观念(舍恩伯格和库克耶,2013):首先,大数据使人们在面临问题时,更多的是对总体数据而非抽样数据进行分析处理,这些总体数据可能是不精确的和混杂的,但是人们相信总体数据里面已经包含了问题的全部答案;其次,大数据下的简单算法将比传统抽样数据下的复杂算法更为有效,更能有助于问题的解决和规律的揭示;最后,在大数据时代,人们已经习惯于不必非得知道现象背后的原因,认为知道"是什么"比知道"为什么"更有价值,与此相应,在分析问题的方法上,人们会用相关分析取代传统的因果分析方法。这些思维观念上的变化,将不可避免地对制造企业及其相关企业的经理们的决策模式、消费者的消费行为、政府对制造业的监管模式等产生重要影响,使制造企业竞争力形成的环境发生重大变化。同时,所有这一切又都表明,网络时代所出现的大数据将对制造企业的竞争力产生空前的影响。

三、两化融合对制造企业竞争力的影响机制

企业竞争力无论表现形态如何,其本质都可以归结为两种能力,一种是产品具有较低的成本,使企业具有低价竞争的能力;另一种是产品具有一定的独特性,使企业具有差异化竞争的能力。据金碚(2001)的研究,这两种能力的形成,即企业竞争力形成的主要影响因素有四大类:一是关系,即企业所处的环境,包括相应产业状况、产

业链状况、竞争对手的战略、政府政策、市场容量等;二是企业所拥有的各种资源;三是企业实施战略的能力;四是企业的传统,包括企业独特的创意、个性化战略、适合于本企业发展的体制机制、管理理念、商业模式、团队默契等。

在计算机时代的两化融合中,制造企业先后运行的两大系统——MIS 和 ERP 系统,能对企业所拥有的资源进行很好的管理、分析和利用,并能有效地调配这些资源以实施企业战略。这种两化融合,对于企业降低生产成本、交易成本和企业战略的实施成本都有积极作用,但对企业所处的外部环境、企业传统的形成则没有多少直接的有益的帮助。所以,这种两化融合对制造企业竞争力的影响,主要体现在其对企业的低价竞争能力的帮助上(图 2)。

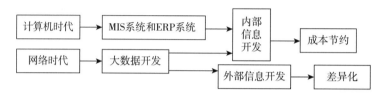

图 2　两化融合的不同阶段对制造企业竞争力的影响

在网络时代的两化融合,制造企业竞争力面临着大数据所带来的机遇与挑战。根据 IDC 的估计,到 2010 年年底,全球数据量已经达到了 120 万 PB[①],或 1.2ZB[①],如果将这些数据都刻录在数字通用光盘(digital versatile disc,DVD)上,那么仅仅把这些DVD 盘片堆叠起来就可以从地球垒到月球一个来回(单程约 24 万英里[②]),同时该机构还预计,到 2020 年,全球以电子形式存储的数据量将达到 35ZB[①]。大数据对企业竞争力的四种影响因素均可产生重大作用,这与计算机时代的两化融合显著不同。首先,对"关系"而言,企业利用大数据可以了解:①企业所在产业的状况,如所在的产业在本国是否具有比较优势,是新兴产业、成熟产业还是夕阳产业,盈利和增长前景如何等。②本企业与相关企业的关系,包括与供应企业、需求企业、同类企业之间的关系,如有多少潜在的进入者、行业集中度、地区和全球市场规模如何等。③企业与政府的关系,包括政府的规制措施、税收政策、区域政策、进出口政策等。④企业的社会环境,包括企业所在地的技术创新环境、金融环境、人文治安环境、产权安全环境、环境保护制度等。企业通过对这些信息的了解,将大大强化自己对竞争环境的认知和把握,为企业制定竞争战略提供有力的支撑。其次,对"资源"而言,大数据可以帮助企业识别和发现优质的外部资源,合理调配内部资源,包括原材料、土地、技术、资金、

---

①　1ZB=1 024EB=1 024^{2}PB=1 024^{3}TB=1 024^{4}GB=1 024^{5}MB。

②　1 英里=1.609 344 千米。

人才资源、组织资源、社会关系资源、区位优势等，进而使企业的竞争力增强。再次，对"能力"而言，大数据可以帮助企业提升自身对环境的适应性、对资源开发控制的能动性和创新性等，从而能够提升企业生存和发展及实施战略的"能力"。最后，对"传统"而言，传统实际是企业不可交易和不可模仿的独特知识和能力，在网络时代，它将在很大程度上体现为企业对大数据的认知和态度上，能够很快利用大数据的企业将会很快形成自己在网络时代的新传统和模式。综上所述，可以发现网络时代的两化融合，不但对制造企业降低生产经营成本具有积极作用，而且对制造企业把握外部环境和形成核心竞争力有很大的积极作用，也就是说，网络时代的两化融合对制造企业竞争力的影响，不仅会体现在其对企业的低价竞争能力的帮助上，而且体现在其对企业的差异化竞争能力的帮助上(图2)。

网络时代的两化融合对制造企业竞争力的全方位影响，不仅体现在其对企业竞争力全部形成要素的影响上，而且还体现在其对制造企业经营活动的全过程的影响及由此带来的竞争力形成机制的革命性变革上。制造企业的业务活动主要包括管理、研发、生产和营销四个环节，网络时代的两化融合所产生的大数据对每一个环节都可以带来新思维和新价值，是制造企业竞争力的新源泉(图3)。

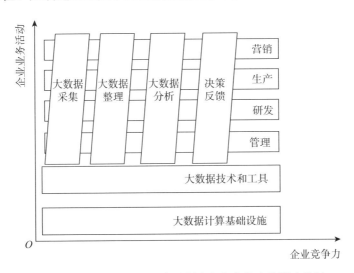

图3 网络时代的两化融合对制造企业竞争力的影响机制

首先，两化融合和大数据促进了制造企业组织管理的扁平化，有利于企业资源的合理配置和管理效率的提升。随着两化融合的推进和大数据的出现，分布式产业结构加快形成，传统的层级化的生产组织体系加速瓦解，被扁平化的组织结构取代。企业结构层次更加精简，组织结构更富弹性，组织中的等级制度被淡化，决策权力被分解到各个扁平化节点，这将大大提升制造企业对信息化和大数据的适应力和反应力。国内知名制造企业华为公司提出的"让听得见炮声的人来决策",本质上就是制造企业为适应两化融合和大数据时代所采取的一种管理上的主动变革,极大地提升了企业的管理决策效率。

其次,两化融合和大数据催生了制造企业研发和创新活动的社会化,可以大大提高企业的研发和创新的效率。传统的产品研发和创新的方法是,先由制造企业对市场进行调查,再根据调查结果找出消费者的需求,最后根据需求设计出新产品。这种研发和创新的成功率和投资回报率通常很低,有时甚至令投资者血本无归。随着网络化的发展,消费者的创新热情和创新能力已经彰显出极大的能力和商业价值,以"用户创造内容"(user-generated content)为代表的"众包"正在成为一种趋势,开始变革着传统的产品研发和创新方法。众包蕴含着"携手用户协同创新"的理念,意味着制造企业的产品的研发设计由原来的以研发部门为主导逐渐转向以消费者为主导。因为没有人比消费者更早、更准确地了解自己的需求,所以如果在产品设计过程中能尽早吸收消费者的意见,尽早让消费者参与进来,企业的产品将更具创造力和竞争力。

美国芝加哥的"无线"(Threadless)T恤公司利用众包进行新T恤的设计使企业赢得了巨大的竞争力。该公司网站每周会收到上百件来自业余"粉丝"或专业艺术家的设计,他们把这些设计放在网站上让用户"评头论足",由此得到一组大数据,他们利用大数据对每件设计产品进行评分,其中4~6件得分较高的T恤设计会进入量产备选名单,然而能否最终量产还要看公司是否收到足够多的预订单。这样一来,"三赢"的局面基本形成:外部设计者的创意得到发挥,得分最高者除了获得奖牌和2 000美元奖金,其名字也将印在每件T恤上;消费者的参与度和满意度都大大提升;"无线"T恤公司不仅省下了雇用专职设计师的费用,而且只生产获得足够预订量的产品,几乎是稳赚不赔的(豪,2009)。

众包还延伸了研发和创新边界,借社会资源为己所用。以往制造企业的研发和创新基本上都是"各搞各的,老死不相往来"。如今,越来越多的企业采用了"内外结合"的方式,纷纷放眼外部,借助于社会资源来提升自身的创新与研发实力。创立于2001年的"创新中心"(InnoCentive)网站①就是顺应这一需求而生的,目前已经成为化学和生物领域的重要研发供求网络平台。包括宝洁、波音和杜邦在内的众多跨国公司组成的"寻求者"(seeker)阵营纷纷把各自最头疼的研发难题发布到"创新中心"上,等待隐藏在网络背后的9万多名自由科研人才组成的"解决者"(solver)阵营来破译。一旦成功解决这些问题,这些"解决者"将获得1~10万美元的酬劳。宝洁公司通过充分借助"创新中

---

① 可参考网址:www.InnoCentive.com.

心"以及"YourEncore"网站①和"NineSigma"网站②等外部研发人才交流平台,获得了丰硕的成果:内部研发人员数量没有增加,依然维持在 9 000 人,但外部研发人员却高达 150 万人,外部创新比例从 2000 年的 15% 提高到了 2005 年的 50%,公司整体研发能力提高了 60%(豪,2009)。

再次,两化融合和大数据使制造企业在生产上实行普遍定制成为可能,可以彻底解决个性化需求与规模化生产的冲突,并为制造企业实行节能减排和绿色制造提供了更多便利。两化融合的深入,为彻底解决制造企业个性化需求与规模化生产的冲突提供了可能,柔性制造开始在制造业中出现,使制造企业能够以较低的价格向消费者提供丰富的差异化产品。两化融合正促使制造企业的生产模式从大批量生产转向个性化定制生产,使企业产品的设计与制造过程变得更具个性化和创新性。个性化定制将极有可能取代大规模流水线制造而成为制造业的主流模式。显然,谁抓住了这些机遇,谁就有可能赢得竞争力。同时,两化融合和大数据还为合理使用能源、优化能源结构提供了技术支持,这为企业实行节能减排和绿色制造提供了更多的便利。

最后,两化融合和大数据使制造企业在营销上能够实现精准营销,将有可能大幅度降低传统营销费用。传统制造企业的营销费用一直占据成本的较大比例,其中很大一部分被用来识别消费者(或客户)和让消费者(或客户)了解产品。随着两化融合的深入和大数据的出现,制造企业将能从大数据中精准地识别出自己的客户、了解客户的需求和根据客户的需求去定制产品,从而使传统的营销被精准营销取代,营销费用将大幅下降,产品成本也会随之大幅下降,由此产生的竞争力提升效应不可小觑。当然,这种精准营销和传统营销费用的大幅下降是以新型客户关系管理(customer relationship management,CRM)系统的建立为前提的,谁先建立谁就能赢得竞争力。

总之,在计算机时代的两化融合,对制造企业竞争力的影响主要是企业内部资源和信息的开发形成了成本的节约;在网络时代的两化融合,对制造企业竞争力的影响主要是大数据开发,既可以形成成本的节约也可以有助于差异化竞争,对制造企业竞争力具有全方位和革命性影响。

四、两化融化下制造企业竞争力提升路径选择

计算机时代已经过去,网络时代已经来临。一个制造企业,无论其过去是否采用

---

① 可参见网址:www.yourencore.com。
② 可参见网址:www.ninesigma.com。

过 MIS 或 ERP 系统，要想在未来的市场竞争中赢得竞争优势，具备强大竞争力，都必须着眼于网络时代的两化融合来制定自己的竞争战略，将大数据作为构建自己竞争力的基础。基于前面对网络时代两化融合对制造企业竞争力影响机制的分析，本文认为我国制造企业提升竞争力必须按照如下路径培育和提升自己的竞争力。

第一，加强企业信息化规划和大数据基础设施建设，完善企业大数据分析工具和手段。对于大数据的存储设备和基础分析工具等，制造企业要根据自己企业的规模、资金实力、产品特性来决定是自建还是通过云平台租用，来解决好基础设施和基础分析工具建设的问题。同时，制造企业还需规划好是自行建立数据采集系统还是借助各种公共网站、专业网站和搜索引擎来搜集数据，来解决好大数据来源问题。这些问题对一个制造企业来说，是基础性问题，也是基本建设的问题，需要首先加以明确和解决。

第二，抓紧构建与制造企业特点相适应的 CRM 系统，培育企业的定制化生产能力、树立产品品牌形象。这种新型的 CRM 系统不仅要以客户为中心，而且应全面贯彻企业的发展战略，它不仅是客户呼叫中心、信息反馈中心、技术支持中心，而且是创新中心、营销中心。因为这种新型的 CRM 系统直接与企业的研发部、生产车间相连接，成为客户直接参与产品研发和生产的通道，成为企业的大脑和中枢，直接服务于企业的定制化生产，直接作用于企业品牌形象的塑造。

第三，以大数据分析为基础，着力提升企业的管理效率和运行效率。随着两化融合的深入，大数据已经成为制造企业的一项重要资产，制造企业应善于运用好这个资产为企业经营服务。通过大数据分析，加强对企业各个部门、各个环节的改造，优化人、财、物的配置，使之发挥协同效应。进行精准营销，降低管理费用，全面提升企业的管理效率和运行效率。

第四，以大数据分析为基础，实行节能减排和推进绿色制造。两化融化对制造企业的节能减排和绿色制造具有重要支持作用，以大数据分析为基础，创新企业的能源管理和利用方式，优化节能环保解决方案，提高能源和资源的综合利用水平，推动制造企业向更精致、更节约、更环保的绿色制造方向转型。

五、结　论

本文将信息化发展分为计算机时代和网络化时代两个阶段，分析了这两个阶段的两化融合的水平和特点，发现在计算机时代两化融合的水平较低。而网络时代的两化融合水平较高。网络时代两化融合的突出特点是人们不再将企业视为一个封闭的系统，而是采取一种开放的态度来搜集信息、加工处理信息和开发利用信息，因而能够最大限度地利用信息资源为提高企业竞争力服务。网络时代的两化融合的突出标志是与制造企业信息价值密切相关的大数据的出现。在上述分析的基础上，本文进一步分析了两化融合对制造企业竞争力的影响机制，发现计算机时代的两化融合主要是通过降低制造企业的生产成本、交易成本和实施企业战略的成本而对企业的低价竞争的能力有所帮助；网络时代的两化融合对企业竞争力具有全方位和革命性的影响，这不仅体现在其对企业竞争力全部形成要素的影响上，而且还体现在其对企业生产经营活动的全过程的影响。大数据成为了制造企业竞争力的新源泉，这表明两化融合使企业竞争力的形成机制出现了革命性变化。在上述分析的基础上，本文提出了我国制造企业提升竞争力的路径选择，即首先加强企业信息化规划和大数据基础设施建设，完善企业大数据分析工具和手段；其次抓紧构建与制造企业特点相适应的 CRM 系统，培育企业的定制化生产能力、树立产品品牌形象；最后要以大数据分析为基础，着力提升企业的管理效率和运行效率，实行节能减排和推进绿色制造。

参 考 文 献

樊学谆.2010."两化"融合助力企业竞争力提升[J].江苏商论，(33)：173-174.

豪 J.2009.众包：群体力量驱动商业未来[M].牛文静译.北京：中信出版社.

洪岭.2012.两化融合——提升核心竞争力的根本路径[J].信息化建设，(9)：49-50.

金碚.2001.论企业竞争力的性质[J].中国工业经济，(10)：5-10.

林莉，黄明，葛继平.2012.两化融合促进中国先进轨道交通装备制造业国际竞争力提升的内在机理分析[J].科技管理研究，(22)：39-42.

刘吉超，庞洋.2013.两化融合背景下制造业竞争力的提升路径[J].未来与发展，(11)：69-73.

舍恩伯格 V M，库克耶 K.2013.大数据时代：生活、工作与思维的大变革[M].盛杨燕，周涛译.杭州：浙江人民出版社.

我国物联网产业财政补贴政策转型研究[*]

李晓钟[1]，吴振雄[2]

（1. 杭州电子科技大学 经济学院，浙江，杭州，310018；

2. 江南大学 商学院，江苏，无锡，214122）

摘　要　物联网产业作为我国的新兴战略性产业，近年来发展迅速。财政补贴是政府支持物联网产业的主要手段，但其政策效应尚待进一步提升。本文详细分析了我国物联网产业财政补贴政策实施中存在的不足，在借鉴国内外一些地区成功财政补贴政策实践的基础上，探讨并提出了我国物联网产业财政补贴政策转型的思路，以期促进物联网产业更好更快的发展。

关键词　物联网产业；财政补贴；政策转型

中图分类号： F49；F812　　**文献标识码：** A

一、我国物联网产业财政补贴政策现状

物联网是通过信息传感设备，把任何物品与互联网连接起来，进行信息交换和通信，以实现智能化识别、定位、跟踪、监控和管理的一种网络。自 2009 年"感知中国"概念提出后，物联网产业就被我国列为新兴战略性产业，得到政府的高度重视。为在

　＊　［基金项目］：国家社科基金重点项目"智能服务产业化路径研究"（12AZD111）；浙江省信息化与经济社会发展研究中心。

　　［作者简介］：李晓钟（1964—），浙江大学经济学博士，管理学博士后，杭州电子科技大学经济学院智慧产业研究所所长、教授、博士生导师，研究方向：国际投资与高新技术产业发展。联系方式：13196586783；Li_xzh@sina.com。吴振雄（1991—），江南大学商学院硕士研究生，研究方向：高新技术产业发展。

新一轮信息产业发展中抢占先机，政府出台了多种鼓励、促进物联网产业发展的政策措施，对我国物联网产业技术研发、标准研制、产业培育和行业应用等方面具有重要的推动作用，到 2013 年整个产业规模已达 4 896 亿元[①]。

在众多政府鼓励、扶持政策中，财政补贴是政府支持的主要手段。以中央政府为例，其先后颁布了《物联网发展专项资金管理暂行办法》和《国家物联网发展及稀土产业补助资金管理办法》两份重要文件，对物联网产业补贴做出具体规定。从 2011 年起财政部会同工业和信息化部(简称工信部)设立物联网发展专项资金，到 2013 年累计支出 15 亿元，支持了 500 多个项目，单个项目政府补助在 300 万元左右，但不超过项目总投资的 30％[②]。2014 年财政补贴了智能交通、智能安防、智慧物流、智慧环保等 101 个项目。地方政府也高度重视，如广东省在 2014 年专门设立了物联网专项资金项目，当年投入 9 370 万元，支持了 28 个物联网项目发展[③]；江苏省也设立了工业和信息产业转型升级专项引导资金(物联网专项)，分别于 2012 年、2013 年各支持了本省 52 项物联网项目发展[④]；浙江省 2010～2013 年累计安排财政扶持资金 4 亿多元，设立物联网相关领域省级重点企业研究院 33 家，省级重大攻关项目 48 个，促进本地区物联网产业发展[⑤]。

企业作为财政补贴的受益者，其统计的数据既能反映中央政府补贴，又能反映地方政府补贴，在数据表现上更加直观透明。考虑到数据的可得性以及在时期上的一致性，选取 40 家沪深两市物联网概念板块上市公司(详见附录)，统计结果如表 1 所示。由表 1 可知，2013 年 40 家上市公司的财政补贴为 189 347.81 万元，是 2009 年的 2.48 倍，这对物联网企业技术研发能力提高、产品质量改善和生产规模扩大等都起了重要的推动作用。

表 1　2009～2013 年 40 家物联网上市公司获得政府补贴总和

年份	2009	2010	2011	2012	2013
政府补贴/万元	76 200.13	89 425.07	104 297.65	190 292.95	189 347.81

资料来源：各上市公司年报

但是，众多学者通过实证研究发现巨额的政府补贴对于促进物联网产业的健康发展并没有很好地发挥作用，如周方召等(2013)以沪深两市物联网行业上市公司为样本，

---

① 数据来源：《中国新闻出版报》，2014 年 6 月 9 日。
② 数据来源：工信部网站，http://www.miit.gov.cn/。
③ 数据来源：广东省经济和信息化委员会网站，http://www.gdei.gov.cn/。
④ 数据来源：江苏省经济和信息化委员会网站，http://www.jseic.gov.cn/。
⑤ 数据来源：《经济日报》，2014 年 4 月 8 日。

以企业全要素生产率(total factor productivity，TFP)为被解释变量，采用面板固定效应模型，研究发现来自政府的补贴并没有带来上市公司生产效率的提高；王琴等(2015)以2008~2013年A股市场27家物联网上市公司为对象，运用DEA-Malmquist法①测算上市公司全要素生产率的变化，分析得出政府补助对全要素生产率的改进存在负效应。笔者认为无论是理论分析中发现的问题，还是现实环境的迫切需要，物联网产业财政补贴政策效应必须改善提升。本文正是以此为出发点，拟通过分析目前物联网产业财政补贴政策存在的不足，在借鉴国内外先进经验的基础上，探讨并提出完善我国物联网产业财政补贴政策的若干建议。

二、物联网产业财政补贴政策存在的不足

大量政府补贴体现了各级政府对物联网产业发展重视程度之高，但其效果却不尽如人意。通过对各级政府有关物联网产业补贴政策的梳理分析，发现当前虽然总的来看补贴政策较多、补贴力度较大，但在具体操作过程中仍然存在一定缺陷，具体表现为以下几个方面。

(1)政府多头管理，补贴资金分散。物联网产业较其他产业更加庞杂，涉及全社会多部门、多环节的协同运作。而当前我国物联网产业发展过程中不同地区、不同部门各自为政的现象较为普遍，补贴政策盲目跟风，统筹协调意识不足(袁长征，2011)。物联网产业政府补贴的申请与补贴资金的管理，经常涉及国家发展和改革委员会、工业和信息化部(地方上称为"经信")、科学技术部、财政部、教育部、国家知识产权局等多个政府职能部门。这种多头管理的局面一方面易为各部门"以权设事、因权造事"提供可乘之机，导致企业补贴申请环节多、手续繁、时间长、效率低、成本高；另一方面也易造成不同部门间责任不明确，难以统筹协调的问题。同时，不论管理部门有多少，补贴资金归根到底源于财政收入，受财政预算的约束，而多头管理容易导致资金投入分散，带来协同效应不明显、运用成本较高、使用效率较低等弊端(石峰，2014)。

(2)寻租现象普遍，补贴浪费严重。大量物联网补贴资金掌握在政府手中，而补贴申请的审核过程往往是一个"黑箱"，缺乏有效监督，导致其在补贴审核与发放上具有较大的支配权，为部分政府官员提供了一定的寻租空间。故地方政府对本地企业往往

---

① DEA-Malmquist法中的DEA为数据包络分析(data envelope analyse)。

既扮演"扶持之手"又扮演"攫取之手"的角色。同时，在政府补贴发放不规范的情形下，一些原本不符合补贴标准的企业想方设法通过各种关系进行"人脉投资"，从而获取相应补贴。如此，在补贴资金总量相对固定的前期下，必然导致那些真正需要政府补贴的企业无法获得足够的扶持力度，而补贴作为稀缺资源也被大量浪费。

(3)事前补贴居多，事后缺乏监管。目前的物联网补贴多数属于事前补贴，至于补贴发放后企业具体是如何运用的，政府往往疏于监管。这一点就其本身而言，可能只单方面发挥了补贴的激励效应，而弱化了其应该具有的引导效应(傅沂，2014)。但更重要的是，由于这种"前紧后松"的管理模式，在一定程度上也影响到了企业的行为。一是易使获得补贴的企业逐渐产生依赖性。部分企业当由于缺乏核心技术、管理不当等面临经营困境时，往往不考虑通过增加研发投入、技术改造、工艺改进等方法提高经营效率，而把政府补贴当成企业生存的"救命稻草"，靠补贴维持经营，导致补贴从短期的刺激工具沦为长期的扶持工具。因此，补贴对企业来说从"造血"变成"输血"，削弱了其应有的功能。二是可能导致企业将补贴挪作他用。物联网企业作为高科技企业，在申请补贴时一般都是以加大研发力度、攻克技术难关、增强企业核心竞争力等为目标的。但由于其效果需要一定的时间方能显现，加之市场机制的不完善及激烈的同行竞争，往往会使一些企业在获得补贴之后丧失坚持的动力，转而把目光放在更加"短平快"的项目上，与原来目标相背离。

(4)注重生产补贴，忽视消费补贴。目前物联网产业中多数中小企业缺乏核心技术与专利，市场竞争能力较弱，而政府的生产补贴可以在较短时期内以较低的风险帮助企业获得产能扩张，故"先做大、后做强"的商业逻辑成为一种普遍选择。同时，企业产能的扩张又契合了普遍存在的以国内生产总值(GDP)为主的政绩考核目标，使地方官员更有动力对企业进行补贴。但政府补贴的根本目的是让企业能够在激烈的市场竞争中赢得一席之地，而企业能否做到这一点，最终要由消费者的"货币选票"决定。一般而言，新兴产业都存在着新产品市场开发和营销难的问题。究其原因，一是消费者对刚上市产品有一个接受过程，消费者的理念改变和对产品性能的了解和熟悉都需要时间，尤其是物联网产品需要的一些配套设施，在设施尚不完善时，更难以引起消费者对新产品的关注；二是新产品技术领先，但产品价格相对于同类型传统产品较高，在效用水平差别不大时消费者更倾向使用后者(肖兴志和王伊攀，2014)。因此，新兴产品市场需求量相对较小，新产品推广困难，难以激发企业进一步创新的动力，而政府在扶持物联网产业发展时，倾向于采取直接补贴生产者、忽视消费市场培育的政策也进一步加重了产销脱节的现象。

三、国内外财政补贴政策实践的经验借鉴

物联网产业作为新兴战略性产业，发展初期存在着正外部性、不确定性和高风险性等特点，因此必须实施财政补贴政策，通过对物联网技术、产品和市场培育等予以补贴，推进物联网产业发展。但是，财政补贴实施的范围、方式等不同，其相应的效果也不同。研究国内外一些地区成功的财政补贴政策实践，可为我们拓展思路，以便我们采取更合适的政策模式。

(一)国外：美国经验

作为全球科技的引领者，自从 2008 年 IBM 推出"智慧地球"概念后，美国政府和企业界高度重视物联网产业的发展和相关技术的研究，而美国国家情报委员会(National Intelligence Council，NIC)于 2008 年在《2025 年对美国利益潜在影响的关键技术》报告中，把物联网列为六种关键技术之一。众多科技企业如微软、德州仪器等也积极加入物联网的产业链，强化核心技术，抢占标准建设制高点，希望通过技术和应用创新占有物联网领域的主导权。据市场研究公司 IDC 预计，到 2016 年，在美国仅为计算机和手机之外的设备提供无线连接服务就将为一些公司带来近 10 亿美元的收入。

这一切与美国政府的扶持政策是分不开的。2009 年奥巴马政府颁布了总额高达 7 870 亿美元的《美国复苏和再投资法案》，其中以物联网产业为代表的战略性新兴产业便是其重要扶持对象。实际上，美国扶持战略性新兴产业发展的一个重要措施就是法律保障。例如，在生物医药产业的发展过程中推出的《生物技术未来投资和扩展法案》，在新能源产业发展过程中推出的《美国清洁能源安全法案》等(姜达洋和李宁，2013)。同时，美国政府得益于其一贯的传统，非常重视知识产权保护，提出要改革专利审查制度，加强知识产权执法。此外，美国政府也擅长利用政府采购手段扶持企业发展。前者通过设置统一标准、强化处罚力度等措施有效减少创新成果被"山寨"的可能，降低自主创新的维权成本，且不易造成社会福利损失；后者则能够扩大市场需求，降低厂商预期利润的不确定性，激励企业技术创新。

（二）国内：重庆经验

早在 2011 年，重庆市就被列为全国工业化和信息化两化融合试点城市。此后，长安、宗申等一批企业在物联网应用领域取得一定成果。2012 年，国家物联网产业基地在重庆南岸茶园挂牌。据不完全统计，截止到 2014 年，重庆市从事物联网研发、制造、运营的单位已达 220 余家，产业规模达到 250 亿元以上[①]。虽然目前重庆的物联网产业规模和无锡、杭州等物联网产业较为发达的城市相比有一定差距，但在其发展过程中当地政府却有着自己独特的做法，尤其是表现在组建的战略性新兴产业股权投资基金的做法。

重庆市战略性新兴产业股权投资基金由市政府产业引导股权投资基金和市属国有企业共同出资设立，引入社会资本共同参与，总规模约 800 亿元。通过设置产业发展资金实现由"补贴投入"改为"股权投入"，可有效吸引社会资金的投入，变财政资金一次性使用为循环使用，通过市场可评估投资项目的主要绩效指标，通过政策性基金及其引入的社会资本可更精准的投向重点产业和关键环节，因而真正实现了"可放大"、"可循环"、"可评估"和"可精准投向"四大目标。同时，更为重要的是改为"股权投入"后，产业引导基金采用有限责任公司制设立，实行市场化运作，出资人共享收益，共担风险；基金管理人需要具有基金管理资质，且通过社会公开招聘，因而可对投资项目进行更专业的调查、更严格的审核和全方位的日常监管。因此，相比于财政资金的补助和奖励等形式，重庆市的股权投资基金更有效地发挥了其对重庆市物联网产业和重点企业的扶持作用，提高了财政资金的使用绩效。

（三）其他产业：高铁经验

西方发达国家早在 20 世纪 60 年代就开始高速铁路（简称高铁）的相关研发工作，领先我国数十年。在如此不利的条件下，我国通过产学研联盟，秉承"原始创新、集成创新、二次创新"的原则，克服重重困难终于掌握了高铁核心技术，使我国得以后来居上成为目前全世界高铁产业发展较好的代表国家之一。考虑到高铁产业作为高端装备制造业中重要的组成部分，与物联网产业同属于战略性新兴产业，故其发展过程中的成功经验，对于物联网产业发展有相当大的借鉴意义。其中，高铁产业的需求拉动政策对促进我国高铁产业的快速发展发挥了重大作用，因而尤其值得借鉴。

---

① 数据来源：《重庆日报》，2015 年 4 月 29 日。

为促进高铁产业发展，政府以国产化政策为引导，积极培育国内市场，要求国产设备采购率达到 80% 以上。例如，2009 年 6 月，铁道部向南车招标采购共 320 列 350km/h 的 CRH380A 系列动车组，其国产率超过 90%(黄永春和李倩，2014)。同时，随着我国高铁技术水平的不断提高和国内高铁修建经验的不断积累，跨国经营得到越来越多的重视。2013 年，中国南北车的产品已出口到六大洲约 90 个国家和地区，国际收入达 144.1 亿元，如表 2 所示。在坚持"本土市场开发"和"高铁外交"的双重战略下，高铁产业市场需求日益旺盛，对我国高铁产业发展产生了明显的需求拉动效应，增强了高铁相关企业持续技术创新的动力，成为科技与市场需求"双轮"推动产业发展的成功典范。

表 2   2010～2013 年中国南北车国际收入   单位：亿元

年份	2010	2011	2012	2013
中国北车国际收入	44.87	62.8	96.6	79.9
中国南车国际收入	23.4	61.3	85	64.2

资料来源：《北京青年报》，2014 年 12 月 22 日

四、促进物联网产业财政补贴政策转型的思路

随着我国经济发展步入新常态时期，产业结构转型升级压力凸显，而物联网产业作为战略性新兴产业，成为新一轮科技创新的制高点，发展潜力巨大。因此，广泛借鉴相关先进经验，转变财政补贴政策形式，改善政策效应，对我国物联网产业的发展具有重要的作用。

(1)注重法律保障，强调各项政策统筹协调。市场经济是信用经济、契约经济，更是法治经济。只有真正树立起法治理念，不断完善法律制度，才能使市场机制得以良好运行。对于有关物联网产业的补贴政策，要上升到法律层面，做到条文清晰透明，尽可能减少政策执行时的主观随意性，将各项工作规范化、制度化、常态化。同时，要遵循物联网产业发展规律，做好中央政府与地方政府及地方政府间补贴政策、物联网产业与相关产业补贴政策的有机统一，捋顺各政府部门间职责与分工，确保各项规章制度、行政指令等互不重叠又相互衔接，构成系统整体。一方面注重补贴政策的适用性，既不能因门槛过高成为摆设，也不能因门槛过低而过度激励；另一方面注重补贴的稳定性，既维护了政策权威，也让企业形成稳定的预期。

（2）事前补贴与事后补贴兼顾，提高财政补贴政策效应。道德风险的存在对事前补贴充分发挥其应有效用构成一定的阻碍，且事前补贴基本只注重投入方面的评价和对单个企业一次性的补贴交易，缺乏创新产出的考核和重复博弈机制（陆国庆等，2014），易导致投入与产出的不对称。与事前补贴相比，事后补贴的优势在于对政府而言，其评价标准更加直接客观，避免了事前补贴可能出现的含混不清，也可以降低政府对企业在补贴资金使用上的监督成本；对企业而言，事后补贴为其申请补贴创造了更加透明的环境，且避免了事前补贴时企业在补贴资金使用上的随意性，对企业产生额外的努力工作的激励。以 R&D 补贴为例，当补贴方式转变为以研发产出为标准的事后补贴时，在获得补贴之前企业承担了所有的风险与成本，这种安排迫使企业认真研发，提高了研发成功的可能。因此，实施事前补贴与事后补贴兼顾政策，不仅可通过补贴，引导社会资本投资物联网产业，而且通过事后补贴，增强企业技术创新的动力和能力，从而实现政策资源的优化配置。

（3）从重点补贴生产者扩大到消费者，培育物联网产业的市场需求。以往的政府补贴偏好从供给角度对物联网企业进行补贴，寄希望于技术创新驱动产业内生增长，而忽略了物联网产业的需求状况、消费者的接受程度，往往会造成创新成果与市场需求的脱节，引发产能过剩危机（姜江，2015）。而通过对物联网产业新产品消费市场的培育和引导，把对物联网产业的扶持手段从政策拉动转变为市场拉动，通过市场机制引导企业重视物联网产业发展，并倒逼物联网产业通过提高研发投入强度来形成自己的核心竞争力，从而促进物联网产业消费市场与物联网产业发展的均衡。为此，政府一方面可以通过对物联网产品终端实施消费补贴，鼓励消费者学习和了解新产品和新技术，扩大市场需求；另一方面应着力建设配套设施，集中资金优先解决具有外部性的公共设施和服务，满足消费者对新产品便捷性的需求。

（4）财政补贴政策逐步退出，扶持手段由行政运作为主向市场化运作转移，积极探索新型扶持工具。过去依靠政府补贴的力量，不少产业得到了快速发展，但又相继出现产能过剩、缺乏核心竞争力等问题。究其原因在于过去的政府补贴指向性过强，集中力量发展特定产业，造成资源配置被严重扭曲，产生"赢家与输家"效应（刘志彪，2015）。而成功的产业发展，是科技创新、管理创新、企业家精神创新以及市场需求等诸要素结合的产物，政府补贴在诸多要素中只能作为一种短期刺激工具而不能长期使用。故从长期来看，政府应该积极探索更多新型扶持工具，如创建物联网产业投资基金，以一定的政府资金为基础，广泛吸引民间资本参与，而政府只参股而不控股，对基金的具体运营不干预，实行完全市场化运作。这样一方面可以有效减轻政府负担，充实资金规模；另一方面，通过把投资基金从"行政化补贴"转变为"市场化投资"，可以减少贪腐、提高效率。此外,政府采购、知识产权保护等政策对新兴战略产业的发展也很重要。值得强调的是,政府财政补贴政策应根据物联网产业创新与发展阶段相机抉择,一旦进入成熟阶段,财政补贴政策应适时退出,遵循市场经济公平竞争规律,由行政激励向市场激励转变。

参 考 文 献

傅沂.2014.基于演化博弈的光伏产业财政补贴政策转型研究[J].兰州学刊,(12):153-159.

黄永春,李倩.2014.GVC 视角下后发国家扶持新兴产业赶超的政策工具研究——来自中、韩高铁产业赶超案例的分析[J].科技进步与对策,31(18):119-124.

姜达洋,李宁.2013.从美国经验看中国战略性新兴产业低端化问题[J].华东经济管理,27(1):89-92.

姜江.2015.加快实施普惠性、竞争性产业政策[J].宏观经济管理,(3):25-31.

刘志彪.2015.经济发展新常态下产业政策功能的转型[J].南京社会科学,(3):33-41.

陆国庆,王舟,张春宇.2014.中国战略性新兴产业政府创新补贴的绩效研究[J].经济研究,(7):44-55.

石峰.2014.产业转型的关键在于政策转型[J].中国发展观察,(7):30-32.

王琴,王卉,王丽萍.2015.财税补助对物联网上市公司全要素生产率的影响[J].商业研究,(1):28-32.

肖兴志,王伊攀.2014.政府补贴与企业社会资本投资决策——来自战略性新兴产业的经验证据[J].中国工业经济,(9):148-160.

袁长征.2011.基于产业经济学视角的我国物联网产业发展分析[J].学术交流,(7):115-118.

周方召,仲深,王雷.2013.财税补贴、风险投资与高新技术企业的生产效率——来自中国物联网板块上市公司的经验证据[J].软科学,27(3):100-105.

附　　录

表一　40家物联网上市公司股票代码与简称

股票代码	股票简称	股票代码	股票简称
000682	东方电子	002194	武汉凡谷
000701	厦门信达	002214	大立科技
000727	华东科技	002236	大华股份
000851	高鸿股份	002241	歌尔声学
000988	华工科技	002308	威创股份
000997	新大陆	300002	神州泰岳
002008	大族激光	300007	汉威电子
002017	东信和平	300020	银江股份
002058	威尔泰	300028	金亚科技
002104	恒宝股份	300044	赛为智能
002115	三维通信	600100	同方股份
002138	顺络电子	600171	上海贝岭
002139	拓邦股份	600198	大唐电信
002151	北斗星通	600271	航天信息
002152	广电运通	600485	中创信测
002156	通富微电	600584	长电科技
002161	远望谷	600651	飞乐音响
002178	延华智能	600764	中电广通
002185	华天科技	600770	综艺股份
002188	新嘉联	600797	浙大网新

浙江省推进新型工业化与信息化融合发展综合评价研究[*]

辛金国[1]，张亮亮[2]

（1. 杭州电子科技大学信息化研究中心，浙江，杭州，310018；

2. 杭州电子科技大学经济学院，浙江，杭州，310018）

摘　要　党的十八大提出推动新型工业化与信息化深度融合、同步发展的新命题。近年来，浙江省积极开展两化融合工作，取得了试点示范的明显成效和经验，成为全国推进两化深度融合的先行示范省份。本文首先通过新型工业化与信息化融合发展的分析，提炼出相应的理论模型；接着采用熵值法、耦合模型、驱动力模型和灰色关联度分析法对浙江省"两化"融合进行评价分析；最后根据研究的结果，提出相应的改进浙江省新型工业化与信息化融合发展的建议，为浙江省经济结构转型升级献言献策。

关键词　新型工业化；信息化；协调发展度；耦合；驱动力分析；灰色关联

中图分类号：TN401　　**文献标识码：**A

一、引　　言

党的十八大报告中提出，"坚持走中国特色新型工业化、信息化、城镇化、农业现代化道路，推动信息化和工业化深度融合、工业化和城镇化良性互动、城镇化和农业

---

　*　[基金项目]：浙江省第三次经济普查课题"浙江省推进四化同步发展动态评价及对策研究"部分研究成果；浙江省统计科学研究基地（杭州电子科技大学）研究成果；浙江省信息化与经济社会发展研究中心成果。

　[作者简介]：辛金国（1962—），男，浙江黄岩，博士，教授，数据分析。张亮亮（1993—），男，安徽淮北，硕士，数据分析。

现代化相互协调，促进工业化、信息化、城镇化、农业现代化同步发展"。加快推进新型工业化与信息化进程并实现两者深度融合、协调发展是实现我国经济发展方式转变的必然选择。

近年来，新型工业化与信息化(简称两化)深度融合问题是国内学者研究的焦点。虽然针对新型工业化与信息化各自的概念，学者已经进行深入探讨，并分别分析了新型工业化与信息化中的两两关系。但对下列问题的研究还比较匮乏，需要深入探究：①在有关新型工业化与信息化机理问题的研究方面比较薄弱，通过剖析新型工业化和信息化二者互动发展的内部机理，以求加速新型工业化与信息化融合发展的相关研究还相当薄弱；②对浙江省新型工业化与信息化融合发展还缺乏较为系统又具可操作性的统计监测评估指标体系；③具有浙江特点的新型工业化与信息化融合发展水平与质量动态评价还是空白。因此，本文将理论研究与实证分析相结合，在探索新型工业化与信息化发展的前提下，结合 2003～2013 年经济普查相关的影响因素数据，构建新型工业化与信息化融合发展的指标，采用熵值法、耦合模型和灰色关联度分析法来对当前新型工业化与信息化融合发展进行综合测度和评价。

二、新型工业化与信息化融合发展理论模型

新型工业化是信息化的物质基础和市场基础，没有新型工业化就没有信息化，在信息时代，我国经济发展迫切要求实现新型工业化与信息化的深度融合，走出一条科技含量高、资源消耗低、环境污染少、经济效益好的新型工业化道路。新型工业化推动了信息化的发展。首先，新型工业化的快速发展为信息化提供了充分的物质基础。工业化是一个长期的历史过程，在这个过程中伴随着经济和社会的总体发展，工业革命催生了信息技术的诞生，同时新型工业生产为信息技术水平的发展与应用提供了资金积累和生产环境。其次，新型工业化的发展为信息化提供了市场支撑，新型工业化水平的提高刺激了各个产业对信息技术应用及服务的需求。

信息化带动新型工业化。首先，随着人们生活水平的提高，人们对信息产品的需求量加大，这为新型工业化的发展创造了巨大的发展空间。其次，信息水平的提高、高级人才的引进以及生产设备的改进，都促进了劳动生产效率的提高，从而促使新型工业化水平的进一步发展。最后，信息化的发展促使信息化与新型工业化融合，推动产业结构的调整以及经济增长方式的转变，从而有效加快了工业化进程。

新型工业化与信息化融合发展是一个相辅相成的过程，信息化的发展亦离不了新

型工业化的支撑。工业化的推进,给信息化的建设搭建了技术和应用平台,为信息技术的发展创建了环境,为培养信息人才提供了资金支持。反过来,信息化的推进,对新型工业化有反向技术支持作用,对新型工业化推进有积极影响。"工业信息化"是工业化与信息化协调互动的基本形式,"智能工业"是新型工业化与信息化的深度融合。

通过对新型工业化与信息化的相互关系的梳理,我们可以得到:第一,新型工业化与信息化融合发展反映了经济社会发展的客观规律。新型工业化、信息化联系密切,两者之间会形成良性互动,缺一不可。因此,文章通过构建新型工业化与信息化综合评价指标体系系统地研究两者之间的关系以及融合的机理。第二,新型工业化与信息化同步发展是融合发展的基本内容。把工业化发展速度、信息化程度两者协调统筹起来,以求实现浙江省"两化"融合发展。

三、浙江省新型工业化与信息化融合发展综合评价实证分析

(一)浙江省新型工业化与信息化发展水平分析

本文从指标体系构建的科学性、系统性、可行性和实用性等原则出发,通过对大量文献的梳理,选取具有代表性的指标进行初建,用来测度浙江省新型工业化与信息化各自的发展水平。

1. 浙江省新型工业化与信息化发展水平指标体系初选

本文拟从工业化和信息化两个维度出发,综合设置工业化与信息化发展评价指标,力求在正确分析工业化与信息化发展情况的基础上进一步研究工业化与信息化协调发展情况。因此,工业化和信息化作为本文指标评价体系的一级指标,在此基础上的具体指标设置分析如下。

1)工业化

工业化发展情况是一个省份经济发展的重要反映面,一方面,工业化的发展直接决定着经济发展的走向;另一方面,工业化为信息化发展提供资金、基础等支撑,在工业化与信息化协调发展过程中起到基础支撑作用。而正确衡量工业化的发展情况,不仅要准确衡量工业化发展的"量",还要明晰工业化发展的"质",同时还要进一步研

究未来发展潜力。因此，本文设置了三个二级指标，即工业化程度、工业化质量以及工业化潜力来衡量。

（1）工业化程度：改革开放以来，经济发展的"量"就成为衡量经济发展的基础指标，对于衡量工业化发展情况同样如此，工业化发展程度是反映工业化发展情况的基本面，规模以上工业固定资产原价、规模以上工业企业从业人员平均数、大中型工业企业数占工业企业和生产单位总数比重、规模以上工业总产值、规模以上工业企业数为衡量工业化发展程度的指标。

（2）工业化质量：自十八大以来，党中央一直强调经济优化转型升级，经济发展已经不再片面追求发展速度，更多开始重视质的转变。工业化质量在工业化发展的进程中扮演的角色的重要性愈来愈大。本文对工业化质量从全员劳动生产率，规模以上工业企业成本费用利润率，高新技术产业产值占工业总产值的比例，高新技术企业数，污水重复利用率，万元 GDP 的废气、废水和固体废物排放量方面来加以衡量。

（3）工业化潜力：可持续发展一直是经济优化转型升级的重要基本面，而在衡量工业化可持续发展时要综合考虑资源、能源消耗、科研教育等方面，这些方面投资回报周期长但重要性毋庸置疑，本文拟用万元 GDP 能耗、废弃资源综合利用业总产值、R&D 人员当时量、国内发明专利授权数、城镇登记失业率来对工业化潜力加以衡量。

2）信息化

信息技术的发展带给企业新的契机，在信息技术的冲击下，信息技术可以促使企业衍生新的发展方式。其最直接的表现体现在产业转型上，另外，信息网络基础设施的改善及信息人才作用的发挥都日益明显。因此，本文对信息化从信息产业、信息网络、信息人才三个角度来衡量。

（1）信息产业：信息化和工业化的融合发展最直接的表现体现在产业转型、企业内部转变等方面。产业转型是转变经济发展方式、新型工业化与信息化融合发展的首要出发点；产业发展水平更多表现为产业转型的力度，考虑到第三次经济普查资料数据的局限性，我们拟采用 IT 累计投资总额占固定资产总值的百分比、计算机、通信和其他电子设备制造业比例、计算机、通信和其他电子设备制造业企业数占工业企业单位数比例来衡量产业发展水平。

（2）信息网络：随着信息量的快速发展，信息的传输速度及信息的传输效率等成为亟待解决的关键问题。其中关键步骤就是信息网络基础设施建设。信息的跨时空流动是以信息化基础设施及信息网络为载体的，信息化的基础设施和信息网络的发育程度直接关系到信息化发展是否具备相应的物质条件，是新型工业化与信息化发展所依赖的物化设备和物质基础。因此，信息网络设置指标主要参考点从每百人计算机拥有量、互联网普及率、固定互联网宽带接入用户、移动电话普及率、人均邮电业务量来加以衡量。

(3)信息人才：人才建设历来是国家层面的发展战略，由此可见人才对于经济发展的重要性，而随着信息化的发展，国家对于信息化人才的需求愈来愈大，信息人才的建设情况影响着信息化后续发展的潜力。本文从计算机、通信和其他电子设备制造业就业人数占总就业人数的比例，信息科技活动人员占职工总数比例，每万人大学人口数来衡量信息人才的发展情况。

2. 浙江省新型工业化与信息化发展水平的指标体系构建

为了构建新型工业化与信息化融合发展的指标体系，本文运用特征选择算法对初选变量进行筛选。

1)特征选择的原理

特征选择是从全部特征中选取一个特征子集，剔除不相关或冗余的特征，从而达到减少特征个数，使构造出来的模型得到优化。

2)特征选择算法

针对本文的研究现状，运用的特征选择算法是由 Marko 和 Igor Kononenko 提出的 RReliefF 算法。

第一步：计算

$$n_{dC} = + \frac{\sum_{i=1}^{k} |P - P_i|}{P_{max} - P_{min}} \cdot \frac{1}{k} \tag{1}$$

其中，P 为选取的某一组数据 $D_i(1 \leqslant i \leqslant r)$ 的第 1 维数据值；P_i 为这 k 组数据中的第 i 维数据值；P_{max} 和 P_{min} 分别为 r 组数据中所有第 1 维中的最大值和最小值。

第二步：计算

$$n_{dA}[A] = + \frac{\sum_{i=1}^{k} |A - A_i|}{A_{max} - A_{min}} \cdot \frac{1}{k} \tag{2}$$

其中，A 为 P 所在数组中某个特征项；A_i 为 k 个数组中第 i 个数据对应特征项数值。

第三步：计算

$$n_{dC} \& n_{dA}[A] = \frac{1}{k} \sum_{i=1}^{k} \left(\frac{|P - P_i|}{P_{max} - P_{min}} \cdot \frac{|A - A_i|}{A_{max} - A_{min}} \right) \tag{3}$$

第四步：重复操作前三步 m 遍，每次选择不同的 D_i，分别计算出 N_{dC}、$N_{dA}[A]$

与 $N_{dC\&dA}[A]$，其中，N_{dC} 为 m 个 n_{dC} 之和；$N_{dA}[A]$ 为 m 个 $n_{dA}[A]$ 之和；$N_{dC\&dA}[A]$ 为 m 个 $n_{dC}\&n_{dA}[A]$ 之和。

第五步：计算特征 A 的 $W[A]$ 值：

$$W[A] = N_{dC\&dA}[A]/N_{dC} - (N_{dA}[A] - N_{dC\&dA}[A])/(m - N_{dC}) \tag{4}$$

根据浙江省的实际情况和指标数据的可获取性，依据上述评价指标体系的设计基本原则，构建了包括工业化、信息化的两个一级指标、六个二级指标、27 个三级指标的新型工业化与信息化融合发展水平评价指标体系，如表 1 所示。

表 1　新型工业化与信息化融合发展水平评价指标体系

一级指标	二级指标	三级指标
工业化	工业化程度	规模以上工业固定资产原价/万元
		规模以上工业企业从业人员平均数/万人
		大中型工业企业数占工业企业和生产单位总数比重/%
		规模以上工业总产值/万元
		规模以上工业企业数/个
	工业化质量	全员劳动生产率/(元/人)
		规模以上工业企业成本费用利润率
		高新技术产业产值占工业总产值的比例/%
		高新技术企业数/个
		污水重复利用率/%
		万元 GDP 的废气、废水和固体废物排放量/(吨/万元)
	工业化潜力	万元 GDP 能耗/(吨煤/万元)
		废弃资源综合利用业总产值/万元
		R&D 人员当时量/(人/年)
		国内发明专利授权数/项
		城镇登记失业率/%
信息化	信息产业	IT 累计投资总额占固定资产总值的百分比/%
		计算机、通信和其他电子设备制造业总产值占工业总产值比例/%
		计算机、通信和其他电子设备制造业企业数占工业企业单位数比例/%
	信息网络	每百人计算机拥有量/台
		互联网普及率/%
		固定互联网宽带接入用户/万户
		移动电话普及率/(部/百人)
		人均邮电业务量/(元/人)
	信息人才	计算机、通信和其他电子设备制造业就业人数占总就业人数的比例/%
		信息科技活动人员占职工总数比例/%
		每万人大学生人口数/人

3. 浙江省新型工业化与信息化发展水平的测度方法

本文从 2003～2013 年的《浙江统计年鉴》及浙江省统计普查数据库收集数据,采用熵值法计算相应的指标权重(表 2),再结合相关统计软件分别测算出 2003～2013 年浙江省各年度的新型工业化与信息化发展水平得分。

表 2　浙江省工业化、信息化发展指标权重

一级指标	一级得分	二级指标	二级得分	三级指标	三级得分
工业化	0.624 0	工业化程度	0.272 0	规模以上工业固定资产原价	0.197 6
				规模以上工业企业从业人员平均数	0.274 5
				大中型工业企业数占工业企业和生产单位总数比重	0.125 8
				规模以上工业总产值	0.220 2
				规模以上工业企业数	0.181 9
		工业化质量	0.369 5	全员劳动生产率	0.162 5
				规模以上工业企业成本费用利润率	0.154 2
				高新技术产业产值占工业总产值的比例	0.136 9
				高新技术企业数	0.120 5
				污水重复利用率	0.207 3
				万元 GDP 的废气、废水和固体废物排放量	0.218 6
		工业化潜力	0.358 5	万元 GDP 能耗	0.187 7
				废弃资源综合利用业总产值	0.273 3
				R&D 人员当时量	0.185 8
				国内发明专利授权数	0.122 5
				城镇登记失业率	0.230 7
信息化	0.376 0	信息产业	0.273 1	IT 累计投资总额占固定资产总值的百分比	0.546 7
				计算机、通信和其他电子设备制造业总产值占工业总产值比例	0.122 3
				计算机、通信和其他电子设备制造业企业单位数占工业企业数比例	0.331 0
		信息网络	0.473 2	每百人计算机拥有量	0.246 1
				互联网普及率	0.281 6
				固定互联网宽带接入用户	0.186 7
				移动电话普及率	0.153 0
				人均邮电业务量	0.132 6
		信息人才	0.253 7	计算机、通信和其他电子设备制造业就业人数占总就业人数的比例	0.133 2
				信息科技活动人员占职工总数比例	0.325 0
				每万人大学生人口数	0.541 8

　　紧接着，我们通过建立的综合发展水平测度模型，得到浙江省新型工业化与信息化发展水平指数，具体指数如表3、图1和表4、图2所示。

表3　浙江省新型工业化发展水平指数

年份	工业化		工业化程度		工业化质量		工业化潜力	
	发展水平指数	排序	发展水平指数	排序	发展水平指数	排序	发展水平指数	排序
2003	0.402 3	11	0.312 4	11	0.576 1	11	0.336 2	11
2004	0.443 7	10	0.398 3	10	0.636 0	10	0.339 7	10
2005	0.511 8	9	0.453 9	9	0.649 1	9	0.437 9	9
2006	0.588 8	8	0.520 5	8	0.715 1	8	0.528 9	8
2007	0.658 9	7	0.589 2	7	0.784 4	7	0.598 7	7
2008	0.736 0	6	0.752 5	6	0.786 9	6	0.675 0	6
2009	0.767 9	5	0.764 9	5	0.824 6	5	0.715 4	5
2010	0.878 6	3	0.853 2	2	0.901 3	2	0.875 0	4
2011	0.874 9	4	0.816 4	4	0.874 7	4	0.922 5	3
2012	0.908 5	2	0.833 0	3	0.893 4	3	0.987 7	1
2013	0.930 7	1	0.860 7	1	0.934 2	1	0.984 2	2

资料来源：2013年浙江省经济普查数据；《浙江统计年鉴》相关数据

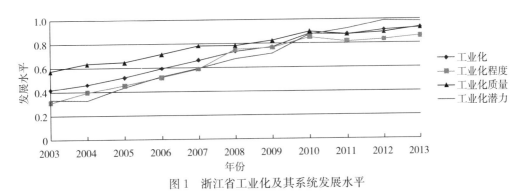

图1　浙江省工业化及其系统发展水平

资料来源：2013年浙江省经济普查数据；《浙江统计年鉴》相关数据

表4　浙江省信息化发展水平指数

年份	信息化		信息产业		信息网络		信息人才	
	发展水平指数	排序	发展水平指数	排序	发展水平指数	排序	发展水平指数	排序
2003	0.344 3	11	0.397 4	11	0.243 6	11	0.459 4	11
2004	0.399 5	10	0.466 6	10	0.297 6	10	0.497 6	10
2005	0.488 2	9	0.586 9	9	0.380 6	9	0.553 5	9
2006	0.588 5	8	0.749 9	7	0.454 8	8	0.616 8	8
2007	0.654 7	7	0.758 4	5	0.569 2	7	0.672 1	7

续表

年份	信息		信息产业		信息网络		信息人才	
	发展水平指数	排序	发展水平指数	排序	发展水平指数	排序	发展水平指数	排序
2008	0.762 9	6	0.819 6	3	0.679 6	6	0.840 5	3
2009	0.789 2	5	0.863 6	2	0.755 0	5	0.751 0	6
2010	0.839 1	3	0.898 6	1	0.830 9	4	0.773 1	5
2011	0.805 9	4	0.755 3	6	0.837 7	3	0.815 8	4
2012	0.855 4	2	0.735 5	8	0.900 0	2	0.851 7	2
2013	0.895 2	1	0.785 6	4	0.934 2	1	0.887 8	1

资料来源：2013年浙江省经济普查数据；《浙江统计年鉴》相关数据

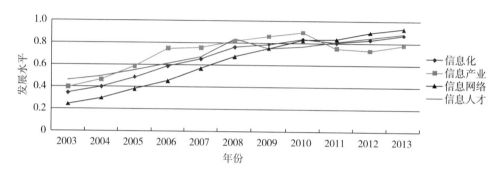

图2 浙江省信息化及其子系统发展水平

资料来源：2013年浙江省经济普查数据；《浙江统计年鉴》相关数据

由表3可以看出，浙江省工业化发展水平从2003年的0.402 3跃升至2013年的0.930 7，工业化子系统发展水平中的工业化程度由2003年的0.312 4升至2013年的0.860 7；工业化质量由2003年的0.576 1升至2013年的0.934 2；工业化潜力也由2003年0.336 2升至2013年的0.984 2。

由表4可知，浙江省信息化发展水平从2003年的0.344 3升至2013年的0.895 2，信息化子系统的发展水平中，信息产业由2003年的0.397 4升至2013年的0.785 6；信息网络由2003年0.243 6升至2013年的0.934 2；信息人才也由2003年的0.459 4升至2013年的0.887 8。

(二)浙江省新型工业化与信息化融合发展的耦合模型分析

1. 耦合理论

新型工业化与信息化之间存在着相互依赖、相互影响的关系，它们是通过信息交流、资源分配等交叉耦合形成的复合系统。耦合度描述了系统发展过程中序参量之间协同作用的强弱程度，根据协同论原理，系统走向有序的关键在于系统内部各子系统间的协同作用，耦合度正是这种协同作用的量度。

2. 耦合度函数

参考物理学中容量耦合系数模型，通过推广演绎从而可以得出多个系统之间的耦合度模型：

$$C = m \left[\frac{\prod\limits_{i=1}^{m} \mu_i}{\prod\limits_{i=1}^{m} \prod\limits_{j=1}^{m} (\mu_i + \mu_j)} \right]^{1/m} \tag{5}$$

$$C = 2 \left[\frac{I \times N}{(I + N)^2} \right]^{1/2} \tag{6}$$

本文研究的问题是由两个子系统构成的，则耦合度模型中 m 的值取 2，式(6)中 C 代表耦合度；I 代表工业化发展水平；N 代表信息化发展水平。

3. 耦合协调度模型

构建新型工业化与信息化的耦合协调函数，以便于评价新型工业化与信息化之间交互耦合的程度，有

$$D = \sqrt{C \times T} \tag{7}$$

其中，D 代表协调度；C 代表耦合度；T 代表新型工业化与信息化综合发展水平，按式(8)计算：

$$T = \alpha I + \beta N \tag{8}$$

其中，α、β 为待定权重，且满足 $\alpha + \beta = 1$。在上文中，已经计算出 α、β 的值。

模型中的耦合协调度 D 介于 0～1，根据不同的取值范围，耦合发展水平的度量如表 5 所示。

表 5　新型工业化与信息化之间耦合发展水平

D	0～0.39	0.40～0.49	0.50～0.59	0.60～0.69	0.70～0.79	0.80～0.89	0.90～1
耦合发展类别	失调	濒临协调	勉强协调	初级协调	中级协调	良好协调	优质协调

4. 浙江省新型工业化与信息化之间耦合发展分析

依据上文所建立的模型，进行计算，可以得出浙江省新型工业化与信息化耦合协

调度，见表 6。

表 6 浙江省新型工业化与信息化耦合协调度

年份	耦合协调度		
	新型工业化与信息化	工业化子系统	信息化子系统
2003	0.622 431 62	0.634 293 947	0.576 692 181
2004	0.660 319 615	0.666 114 185	0.624 327 164
2005	0.712 311 867	0.715 418 112	0.692 576 108
2006	0.769 834 943	0.767 346 51	0.759 242 705
2007	0.812 880 379	0.811 705 629	0.806 381 711
2008	0.864 473 064	0.857 845 539	0.871 513 073
2009	0.881 469 148	0.876 299 294	0.887 417 681
2010	0.928 962 082	0.937 312 062	0.915 186 653
2011	0.920 693 764	0.935 351 955	0.897 267 25
2012	0.938 250 695	0.953 174 592	0.912 353 093
2013	0.953 566 279	0.964 737 122	0.934 284 591

资料来源：2013 年浙江省经济普查数据；《浙江统计年鉴》相关数据

　　根据测算出来的新型工业化与信息化耦合协调度，我们绘制出浙江省新型工业化与信息化及其各自子系统耦合协调度变化趋势图(图 3)，浙江省新型工业化与信息化耦合协调度处于整体递增趋势，从 0.622 431 62 上升到 0.953 622 79，表明浙江省的新型工业化与信息化水平发展水平越来越高。

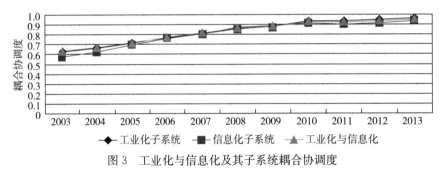

图 3 工业化与信息化及其子系统耦合协调度

资料来源：2013 年浙江省经济普查数据；《浙江统计年鉴》相关数据

　　由图 5 我们可以判断得到 2003～2013 年浙江省新型工业化与信息化协调发展类型动态变化状况由 2003～2004 年处于初级协调状态，2005～2006 年处于中级协调状态，2007～2009 年处于良好协调状态，2010～2013 年处于优质协调状态。在这 11 年中，浙江省新型工业化与信息化协调发展经历了从初级协调到优质协调的演变，表明浙江省新型工业化与信息化协调发展不断向前推进，两者呈现向良性发展的趋势。

　　同时，我们计算得出了 2003～2013 年浙江省新型工业化与信息化耦合度(表 7)。

表7　浙江省新型工业化与信息化耦合度

年份	耦合度		
	新型工业化与信息化	工业化子系统	信息化子系统
2003	0.995 275 581	0.961 667 004	0.965 894 566
2004	0.997 403 165	0.961 380 497	0.975 634 078
2005	0.999 493 061	0.983 773 72	0.982 592 252
2006	0.999 983 3	0.989 041 182	0.979 517 915
2007	0.999 971 257	0.991 184 875	0.993 172 248
2008	0.999 855 912	0.997 949 535	0.995 617 097
2009	0.999 917 783	0.998 314 169	0.997 883 825
2010	0.999 733 944	0.999 747 77	0.998 113 236
2011	0.999 130 558	0.998 753 7	0.999 045 2
2012	0.999 067 071	0.997 546 405	0.996 432 497
2013	0.999 503 224	0.998 485 443	0.997 392 982

资料来源：2013年浙江省经济普查数据；《浙江统计年鉴》相关数据

根据测算出来的耦合度，我们绘制出浙江省新型工业化与信息化耦合度变化趋势图(图4)，自2003年以来，浙江省新型工业化与信息化耦合度整体水平较高，且呈现上升态势，表明浙江省新型工业化与信息化同步水平处于良好的发展时期。虽然部分年份略有波动，但这不会改变浙江省新型工业化与信息化同步不断上升的趋势。

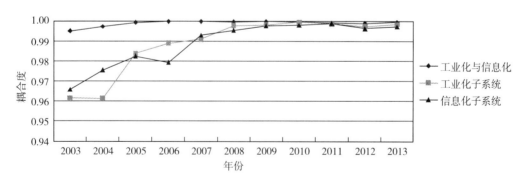

图4　浙江省新型工业化与信息化耦合度变化趋势图
资料来源：2013年浙江省经济普查数据；《浙江统计年鉴》相关数据

只有把耦合度和耦合协调度结合起来，才能综合判断两者整体相互影响程度以及融合发展情况。由图4我们可以发现浙江省自2007年之后两者都在0.8之上，表明浙江省新型工业化与信息化在各自的水平、速度和阶段等有机协调配合，形成良性耦合互动，从而使浙江省经济和社会可持续发展。

5. 浙江省新型工业化与信息化发展水平灰色关联分析

除了分析工业化、信息化因子对浙江省新型工业化与信息化融合发展外，还需要判断浙江省新型工业化与信息化耦合协调度与各影响因素的关联强度。为此，运用灰色关联度分析方法，确定新型工业化与信息化耦合协调度与工业化、信息化影响因子的关联度。关联度越大，说明该影响因子与新型工业化与信息化融合发展的相关程度越高，其重要程度也越大。

根据灰色关联的理论方法，计算求出浙江省新型工业化与信息化耦合协调度与各因素的关联度(表8)。

表8　浙江省新型工业化与信息化融合发展水平灰色关联度

一级指标	二级指标	三级指标	关联度
工业化	工业化程度	规模以上工业固定资产原价	0.782 0
		规模以上工业企业从业人员平均数	0.797 3
		大中型工业企业数占工业企业和生产单位总数比重	0.927 4
		规模以上工业总产值	0.722 7
		规模以上工业企业数	0.896 0
	工业化质量	全员劳动生产率	0.778 6
		规模以上工业企业成本费用利润率	0.898 9
		高新技术产业产值占工业总产值的比例	0.901 7
		高新技术企业数	0.893 7
		污水重复利用率	0.943 8
		万元GDP的废气、废水和固体废物排放量	0.860 4
	工业化潜力	万元GDP能耗	0.876 2
		废弃资源综合利用业总产值	0.299 7
		R&D人员当时量	0.709 4
		国内发明专利授权数	0.619 3
		城镇登记失业率	0.907 8
信息化	信息产业	IT累计投资总额占固定资产总值的百分比	0.717 3
		计算机、通信和其他电子设备制造业总产值占工业总产值比例	0.833 7
		计算机、通信和其他电子设备制造业企业数占工业企业单位数比例	0.888 9
	信息网络	每百人计算机拥有量	0.874 9
		互联网普及率	0.675 2
		固定互联网宽带接入用户	0.556 5
		移动电话普及率	0.881 7
		人均邮电业务量	0.835 2

续表

一级指标	二级指标	三级指标	关联度
信息化	信息人才	计算机、通信和其他电子设备制造业就业人数占总就业人数的比例	0.832 9
		信息科技活动人员占职工总数比例	0.925 9
		每万人大学生人口数	0.947 2

由表8可以看出，总体而言，工业化质量和信息人才中关联度高于0.9的居多，这也说明了工业化和信息化融合发展过程中需要着重发展的部分。另外，污水重复利用率和每万人大学生人口数分别为工业化和信息化关联度最高的两个指标，说明了工业发展环境与基础教育在经济发展中的重要性。工业化程度和信息产业关联度均处于居中位置，关联度比较低的是信息网络和工业化潜力，这和目前的现状吻合，信息基础设施仍不完善，工业研发能力仍需提升，环境支撑需要进一步开拓发展。

6. 浙江省新型工业化与信息化融合发展驱动力分析

明确了浙江省新型工业化与信息化融合发展度指数水平以及与影响因素之间的关联度之后，需要进一步了解浙江省新型工业化与信息化融合发展的驱动因子与制约因子及其驱动力与制约力的大小。驱动力模型如下：

$$T_1^{(0)}(k) + aZ_1^{(1)} = \sum_{i=2}^{N} b_i x_i^{(1)}(k) \tag{9}$$

其中，a 表示浙江省工业化、信息化的子系统对融合发展的驱动系数；b_i 表示工业化发展影响因素、信息化发展影响因素的驱动系数。通过 b_i 的大小可以判断因子变量对行为变量的驱动程度。另外，我们根据式(9)中因子变量权重系数的大小与符号，来判别因子对行为变量 a 影响的大小与极性（"＋"为促进，"－"为抑制），进而可以判断工业化发展影响因素、信息化影响因素对浙江省新型工业化与信息化融合发展驱动力的强弱。

本文选择运用数据处理系统进行驱动力分析，得出浙江省工业化子系统融合发展 GM(1，N)动态模型向量系数（表9）。

表9　浙江省工业化子系统融合发展 GM(1，N)动态模型向量系数

系数	a	b_1	b_2	b_3
浙江省	1.913 20	−0.066 71	2.166 48	−0.089 06

根据2003～2013年浙江省新型工业化子系统融合发展 GM（1，N）动态模型的向量系数，可以确立浙江省新型工业化子系统融合发展 GM(1，N，4)的动态模型：

$$T_1^{(0)}(k) + 1.913\,20Z_1^{(1)} = -0.066\,71IL_1^{(1)}(k) + 2.166\,48IQ_1^{(1)}(k) - 0.089\,06IP_1^{(1)}(k)$$

浙江省信息化子系统融合发展 GM(1，N)动态模型向量系数，见表 10。

表 10　浙江省信息化子系统融合发展 GM(1，N)动态模型向量系数

系数	a	b_1	b_2	b_3
浙江省	1.114 45	−0.141 60	−0.796 57	2.192 04

$$T_1^{(0)}(k) + 1.114\,45Z_1^{(1)} = -0.141\,60NI_1^{(1)}(k) - 0.796\,57NF_1^{(1)}(k) + 2.192\,04NP_1^{(1)}(k)$$

浙江省新型工业化与信息化融合发展 GM(1，N)动态模型向量系数，见表 11。

表 11　浙江省新型工业化与信息化融合发展 GM(1，N)动态模型向量系数

系数	a	b_1	b_2
浙江省	−1.798 32	1.446 71	−3.477 08

$$T_1^{(0)}(k) - 1.798\,32Z_1^{(1)} = 1.446\,71I_1^{(1)}(k) - 3.477\,08N_1^{(1)}(k)$$

根据上文建立的驱动力分析模型，我们可以确立浙江省新型工业化与信息化融合发展驱动因子。从中可以发现，2003～2013 年浙江省新型工业化与信息化融合发展中，工业化起驱动作用，其中工业化驱动系数为 1.446 71；其制约因子是信息化，其制约系数分别为−3.477 08。

根据前面得到的 2003～2013 年有关数据，可以计算出 2003～2013 年浙江省新型工业化与信息化融合发展影响因素对新型工业化与信息化耦合协调发展 GM(1，N)动态模型向量系数(表 12)。

表 12　浙江省新型工业化与信息化融合发展影响因素对融合发展的动态模型向量系数

系数 \ 指标	工业化程度	工业化质量	工业化潜力	信息产业	信息网络	信息人才
a	2.178 62	1.692 32	2.169 12	1.264 51	0.000 83	2.535 05
b_1	1.629 40	0.322 16	1.590 19	0.328 69	−0.564 62	−0.052 09
b_2	−0.357 04	−0.192 94	0.770 19	−0.021 23	0.707 55	−0.276 54
b_3	1.153 80	0.243 39	0.217 73	0.019 27	−2.128 80	2.667 03
b_4	−0.981 93	0.209 87	−0.319 38		2.055 18	
b_5	1.333 93	0.056 76	−0.175 65		−0.086 23	
b_6		1.075 946				

根据表 12 中的向量系数，可以得出工业化影响因素、信息化影响因素对浙江省新型工业化与信息化融合发展的驱动力模型计算式。

浙江省工业化程度发展影响因素 GM(1，N，5)动态模型：

$$T_1^{(0)}(k) + 2.178\,62Z_1^{(1)} = 1.629\,40x_1^{(1)}(k) - 0.357\,04x_2^{(1)}(k) + 1.153\,80x_3^{(1)}(k)$$
$$- 0.981\,93x_4^{(1)}(k) + 1.333\,93x_5^{(1)}(k)$$

浙江省工业化质量发展影响因素 GM(1，N，6)动态模型：

$$T_1^{(0)}(k) + 1.692\,32Z_1^{(1)} = 0.322\,16x_1^{(1)}(k) - 0.192\,94x_2^{(1)}(k) + 0.243\,39x_3^{(1)}(k)$$
$$+ 0.209\,87x_4^{(1)}(k) + 0.056\,76x_5^{(1)}(k) + 1.075\,946x_6^{(1)}(k)$$

浙江省工业化潜力发展影响因素 GM(1，N，5)动态模型：

$$T_1^{(0)}(k) + 2.169\,12Z_1^{(1)} = 1.590\,19x_1^{(1)}(k) + 0.770\,19x_2^{(1)}(k) + 0.217\,73x_3^{(1)}(k)$$
$$- 0.319\,38x_4^{(1)}(k) - 0.175\,65x_5^{(1)}(k)$$

浙江省信息产业影响因素 GM(1，N，3)动态模型：

$$T_1^{(0)}(k) + 1.264\,51Z_1^{(1)} = 0.328\,69x_1^{(1)}(k) - 0.021\,23x_2^{(1)}(k) + 0.019\,27x_3^{(1)}(k)$$

浙江省信息网络影响因素 GM(1，N，5)动态模型：

$$T_1^{(0)}(k) + 0.000\,83Z_1^{(1)} = -0.564\,62x_1^{(1)}(k) + 0.707\,55x_2^{(1)}(k) - 2.128\,80x_3^{(1)}(k)$$
$$+ 2.055\,18x_4^{(1)}(k) - 0.086\,23x_5^{(1)}(k)$$

浙江省信息人才影响因素 GM(1，N，3)动态模型：

$$T_1^{(0)}(k) + 2.535\,05Z_1^{(1)} = -0.052\,09x_1^{(1)}(k) - 0.276\,54x_2^{(1)}(k) + 2.667\,03x_3^{(1)}(k)$$

根据上述分析模型可知，在2003～2013年浙江省新型工业化与信息化融合发展过程中，工业化、信息化两个系统对新型工业化与信息化融合发展的驱动系数都为正，有利于浙江省新型工业化与信息化融合发展水平的提高。另外，我们根据系数的大小，来评判驱动因子与制约因子的影响程度。

结合新型工业化与信息化各自影响因子的驱动力模型，我们可以得出以下结果。

浙江省工业化程度发展影响因素中，驱动因子影响强弱的顺序为：规模以上工业固定资产原价＞规模以上企业数＞大中型工业企业数占工业企业和生产单位总数比重。制约因子的影响强弱顺序为：规模以上工业总产值＞规模以上工业企业从业人员平均数。

浙江省工业化质量发展影响因素中，驱动因子影响强弱的顺序为：万元GDP的废气、废水和固体废物排放量＞全员劳动生产率＞高新技术产业产值占工业总产值的比例＞高新技术企业数＞污水重复利用率。制约因子：规模以上工业企业成本费用利润率。

浙江省工业化潜力发展影响因素中，驱动因子影响强弱的顺序为：万元GDP能耗＞城镇登记失业率＞废弃资源综合利用业总产值。制约因子的影响强弱顺序为：

R&D 人员当时量＞国内发明专利授权数。

浙江省信息产业发展影响因素中，驱动因素影响强弱的顺序为：IT 累计投资总额占固定资产总值的百分比＞计算机、通信和其他电子设备制造业企业数占工业企业单位数比例。制约因子：计算机、通信和其他电子设备制造业总产值占工业总产值比例。

浙江省信息网络发展影响因素中，驱动因素影响强弱的顺序为：移动电话普及率＞互联网普及率。制约因子的影响强弱顺序为：固定互联网宽带接入用户＞每百人计算机拥有量＞人均邮电业务量。

浙江省信息人才发展影响因素中，驱动因素：每万人大学生人口数。制约因子的影响强弱顺序为：信息科技活动人员占职工总数比例＞计算机、通信和其他电子设备制造业就业人数占总就业人数的比例。

四、结论与政策建议

本文先对浙江省新型工业化与信息化发展水平进行测度，在探究耦合协调发展机理的基础上，对浙江省新型工业化与信息化发展进行耦合协调度的测度，并采用灰色关联分析，得到的主要结论如下。

(1)浙江省新型工业化与信息化各自发展水平较快，但仍有差异。总体而言，在新型工业化与信息化协调发展过程中，工业化和信息化发展水平较高，但信息化水平仍落后于工业化水平，信息化发展速度高于工业化发展，因此，浙江省新型工业化与信息化协调发展总体趋势是良性的。不过仍存在以下问题：①工业化仍存在内部系统发展相对不同步的问题，工业化仍需继续深化，工业化潜力在三个子系统中排在最前，需要把优势转换成发展动力。工业化潜力发展水平最高，工业化质量次之，工业化程度为最低。工业化潜力增长速度最快，工业化质量次之，工业化程度发展速度最慢。②信息化仍需重点发展，信息子系统之间存在发展不同步问题，特别是信息产业在近些年增长速度有下降趋势。信息网络发展水平最高、信息人才次之、信息产业最低。信息网络发展最快，信息人才次之，信息产业最低。

(2)浙江省新型工业化与信息化融合发展水平较高，但仍需注意防范内部波动。从耦合模型分析得出，浙江省新型工业化与信息化协调耦合已进入优质协调阶段，各子系统间呈现优质耦合状态，并处于总体上升时期，表明浙江省新型工业化与信息化之间呈现良好的相互促进、相互影响作用。但依旧存在有一些年份发生少许波动的情况，说明在融合发展过程中仍会发生系统内部波动的问题。

(3)浙江省新型工业化与信息化融合发展进程不断推进，但融合发展进程中各影响因素作用间仍存在差异：①在新型工业化与信息化融合发展进程中，信息化对于融合发展起到制约作用。由驱动力分析结果表明信息化驱动力系数为负，显示着信息化对于工业化和信息化同步发展起到制约作用。因此，下一步需要做的是继续加大对信息化发展的投入，主要应该表现为网络信息技术基础建设的投入增加，信息传播的速度加快，信息资源数据增加，跟上工业化发展的步伐。②工业化子系统中工业化程度和工业化潜力在融合发展中对浙江省工业化推进起制约作用。由工业化子系统的驱动力分析可得知：工业化程度和工业化潜力的驱动力系数为负，显示着两者对工业化内部系统融合发展起到制约作用。因此下一步需要解决的是在保证工业化质量的基础上，将工业化潜力更好地转化为工业化程度发展动力，促使整个工业化系统同步发展。③信息化子系统中信息产业和信息网络在融合发展中对浙江省工业化发展起制约作用。由对信息化子系统的驱动力分析可知，信息产业和信息网络的驱动力系数为负，显示着其对信息化内部系统融合发展起制约作用。因此需要进一步解决的是在深化信息人才培养的基础上，将信息网络和信息产业更好地融合发展，促使整个工业化系统融合同步发展。

综上所述，虽然浙江省新型工业化与信息化融合发展水平处于较好发展状况，两者之间相互融合，不断发展，但同时也存在一些制约因素。因此，为了更好促进新型工业化与信息化的融合发展，特提出以下建议。

(1)构建新型工业化与信息化深度融合的组织管理机制，完善相关政策法规。"两化"融合的前提是二者之间要相互协调发展，促进新型工业化与信息化的深度融合就必须要有完善的组织管理机制作为支撑，尽快出台浙江省推进工业化和信息化深度融合的先行示范区，建立相关条例，优化完善信息化与新型工业化的发展环境，为工业化和信息化融合的科学、高效发展提供机制、政策和法规保障。

(2)加大财税金融政策扶持力度。新型工业化发展可为信息化建设提供雄厚的资金支持，工业化和信息化融合发展需要的是多元化的投资体系，并形成以政府投入为引导、企业自身投资为主体的长期有效投资组合方式。根据国家印发的《关于加快推进信息化与工业化深度融合的若干意见》及推进工业化和信息化深度融合的先行示范省区建设意见，通过设立专项扶持资金，引导企业实施信息化带领新型工业化快速发展，提升全省主导产业升级，促进新兴产业发展。

参 考 文 献

龚炳铮 . 2010. 推进信息化与工业化融合的思考[J]. 中国信息界，(1)：24-26.

郝华勇 . 2012. 基于"两个融合"的新型工业化评价分析——以中部六省为例[J]. 湖北社会科学，(6)：65-68.

李琼 . 2013. 湖南省新型工业化发展评价研究与实证分析[J]. 统计与决策，(19)：112-114.

皮云湘，夏玉森 . 2014. 我国信息化发展水平地区结构差异的统计分析[J]. 统计与管理，(8)：54-56.

商薇 . 2013. 山东省区域新型工业化水平评价研究[J]. 山东理工大学(社会科学版)，29(1)：31-35.

易法敏，符少玲，兰玲 . 2009. 广州市信息化水平及其与工业化融合程度评估[J]. 科技管理研究，(8)：287-290.

俞立平 . 2011. 工业化与信息化发展的优先度研究[J]. 科技与经济，(5)：21-28.

俞立平，潘云涛 . 2009. 工业化与信息化互动关系的实证研究[J]. 中国软科学，(1)：34-40.

张轶龙，崔强 . 2013. 中国工业化与信息化融合评价研究[J]. 科研管理，(4)：43-49.

Cherniwchan J. 2012. Economic growth，industrialization，and the environment ［J］. Resource and Energy Economics，34(4)：442-467.

Hanna N K，Qiang Z W. 2010. China's emerging informatization strategy[J]. Journal of the Knowledge Economy，1(2)：128-164.

He W. 2012. Exploration of rural informatization and urban-rural information fusion[J]. Asian Agricultural Research，4(8)：86-89.

Šikonja R M，Kowonenko I. 2003. Theoretical and empirical analysis of reliefF and RReliefF[J]. Machine Learning，53(1～2)：23-69.

P2P 网贷个人借款者的信用风险评估研究[*]

李淑锦　　包丽艳

（杭州电子科技大学经济学院，浙江，杭州，310018）

摘　要　近年来我国 P2P 网络借贷平台处于快速发展阶段，截至 2015 年 8 月成交量达到 974.63 亿元，但平台信用风险已经凸显，持续出现倒闭现象，能否有效识别借款者信用风险直接影响 P2P 平台未来的发展。本文介绍了我国 P2P 平台的主要风险，分析了 BP 神经网络原理及其在 P2P 个人借款者信用风险评估上的适用性。通过建立 P2P 个人借款者信用评价体系，人人贷搜集个人借款者信息，运用 BP 神经网络仿真得到 P2P 个人借款者的信用评级，并在数据缺失情况下进行仿真，与网站评级比较可知仿真结果较准确，能有效评估个人借款者信用风险。在此分析的基础上，给出网络平台建议和对策。

关键词　P2P 网贷；信用风险；BP 神经网络；缺失数据仿真

中图分类号：F83　　**文献标识码：**A

随着以互联网为代表的现代信息科技的发展，互联网金融模式已经成为既不同于商业银行间接融资、也不同于资本市场直接融资的新兴金融融资模式，P2P（peer-to-peer）网络借贷则是互联网金融模式的主要代表之一（谢平和邹传伟，2012）。P2P 网络借贷主要是面向个人和中小企业的贷款，通过 P2P 中介建立网络平台，让具有闲置资金并有意愿借款的个人发布借款信息，借贷双方通过竞价，最终撮合成交（宋文和韩丽川，2013）。

P2P 网络借贷作为借贷业务的一种，所面临的最大风险就是信用风险。信用风险

---

　　*　[基金项目]：杭州电子科技大学研究生科研创新基金项目（KYJJ2014031），杭州电子科技大学创新团队培育计划建设项目（ZX150202316001）。

　　[作者简介]：李淑锦，女，杭州电子科技大学经济学院，教授，博士；包丽艳，女，杭州电子科技大学经济学院，硕士生，Email：baoliyan1013@163.com，联系电话：18767106720，通信地址：浙江省杭州市江干区下沙高教园区杭州电子科技大学经济学院，邮政编码：310018。

来自借款人,是借款人因各种原因未能及时或足额偿还债务的可能性。近年来 P2P 网络借贷在中国发展得十分迅猛。截至 2015 年 8 月,全国 P2P 网贷行业总体成交量达到 974.63 亿元,正常运营平台有 2 283 家。但由于网贷平台发展迅速,信用风险管理相对滞后,问题平台频频出现。截至 2015 年 8 月,累计问题平台已有 976 家。这些问题平台中,除了部分是主观恶意欺诈外,更多平台都是由于对借款人的信用风险控制不严,出现坏账难以及时处理,最终遭遇挤兑。尽管各平台公司"尽可能地"审核借款人的真实姓名资料以进行信用风险评估,但逾期还款甚至无法还款现象仍然大量存在。因此,如何有效评估 P2P 网络借贷平台的信用风险,尽量减轻 P2P 网络借贷平台信用风险所带来的负面效应,是目前 P2P 网络借贷平台自身以及监管当局关注的焦点和热点问题。

P2P 网络借贷公司规模普遍较小,其风险管理能力远低于传统商业银行,但是 P2P 网络借贷的借款质量偏低的事实又要求其具备较强的风险管理能力(姜岩,2014)。面对借款人的信用风险,P2P 网络平台的风险管理措施通常有以下几种:第一,加强对借款人基本信息的审核,当借款人申请贷款时,平台会要求他们提供个人信息给贷款人,用以评估他们的信贷风险,来决定是否对借款人投标并确定贷款利率(Collier and Hampshire,2010)。第二,建立信用评估体系。Iyer 等(2009)研究发现贷款人主要依靠标准的银行征信系统信息来推断借款人的信用情况。目前,我国 P2P 网络借贷平台的信用风险管理主要是运用信用评分模型进行管理。平台通过可观察到的借款人特征变量计算出一个数值来代表借款人的信用风险,并将借款人归类于不同的风险等级,以此作为分析借款人信用风险的主要方式(肖曼君等,2015)。第三,在金额和期限上进行控制。目前 P2P 网络借贷平台均规定了借款额度的上限,借款人借款额度不得超过该上限,并且还有一些平台,如 Zopa 平台,要求借款人按月分期还本付息,以减轻借款人的还款压力,降低违约风险(罗洋等,2009)。第四,风险缓释。对贷款提供全额担保或是平台自身建立备付保险制度,当借款人出现违约时,担保人或平台先行偿付贷款本金,减少因借款人信用风险对贷款人造成的损失。国外 Prosper 平台引入了"背书"评价制度,借款人可以邀请朋友为其提供背书,证明其能够按时还款,背书内容则会在借款人信息上显示(Lin,2009)。

纵观上述 P2P 网络平台信用风险管理措施,可以发现其存在很多问题。首先,P2P 网络借贷平台未能建立系统的借款人信用风险评估机制,无法对借款人的信用做出较为准确的判断,这是 P2P 网络借贷风险的源头,也是其最大风险隐患;其次,没有对借款人还款能力进行预评估,贷款人只能根据平台所提供的资料感性地判断借款人的还款能力;再次,大多数 P2P 网络借贷的借款利率在 10%~15%,远高于传统商业银行的借款利率，高昂的借款利率增加了借款人的违约概率。本文将结合 P2P 网站人人贷可观测到的特征变量(人口特征、职业状况、收入财产、历史信用、操作认证)，参考商业银行个人信用风险评价指标体系，建立适用 P2P 平台个人借款者信用风险评价的指标体系，然后利用 BP(back propagation)神经网络模型评估个人借款者信用风险。结果表明 BP 神经网络模型更适合复杂的信用风险评估，提高了 P2P 平台个人借款者信用风险评估的准确性。最后，针对 P2P 网站经常存在信息缺失的情况，研究了信息缺失情况下模型的准确程度，结果说明 BP 神经网络模型还可以进行在信息缺失情况下的个人借款者的信用风险评估的仿真。

一、BP 神经网络原理

(一)BP 神经网络算法概述

BP 神经网络也叫做误差反向传播网络(王春峰等，1999)，最早是由 Werbos 在 1974 年提出来的，McClelland 和 Rumelhart(1986)发展了该理论，提出了清晰而又严格的算法。BP 算法适用于前向网络，它采用有导师学习的训练形式，提供输入矢量集的同时提供输出矢量集，通过反向传播学习算法，调整网络的连接权值，以使网络输出在最小均方差意义下，尽量向期望输出接近，反向学习的进程由正向传播和反向传播组成。在正向传播过程中，输入信息经隐含神经元逐层处理并传向输出层，如果输出层不能得到期望的输出，则转入反向传播过程，将实际输出与期望输出之间的误差沿原来的连接通路返回，通过修改各层神经元的连接权值，使误差减小，然后转入正向传播过程，反复循环，直到误差小于给定的值为止。

(二)BP 神经网络算法在我国 P2P 网络借贷平台个人借款者信用风险评估中应用的可行性

首先，P2P 网络借贷为新兴产业，目前尚未建立系统有效的评级机制，对借款人评估的相关信息很不完善。而 BP 人工神经网络所具备的强大并行处理机制，拥有高度自学且适应能力强的特点，可调整的参数较多，所以 BP 人工神经网络具有较强的灵活性，对不确定性信息处理能力较强。因此，BP 人工神经网络对 P2P 网络借贷平台这种信息相对不完善，并且缺乏有效的评级机制的借款人信用风险评估具有较强的实践可行性。

其次，在进行 P2P 网络借贷借款人信用风险评估时，很多因素是非理性且模糊的"软"信息，缺乏完备的指标进行评级。而 BP 人工神经网络具有独特的后天学习能力，可以使其随环境的变化不断学习，从大量复杂的数据中发现规律，根据这些规律给出相对正确的推理结果，这恰恰迎合了 P2P 网络借贷中借款人"软"信息较多，缺乏有效"硬"信息的特点。

再次，BP 人工神经网络是一种自然的非线性建模过程，不需要探究数据之间存在哪一种非线性管理，有效克服传统建模分析过程中需要选择适当模型函数形式的难题，能够十分方便快捷地建立模型，应用较为简洁方便。

最后，BP 人工神经网络能够再现专家的经验、知识和直觉思维，最大限度地剔除信用风险评估中的主观性，从而较好地保证信用风险评估中的客观性。这也是 P2P 网络信贷平台中所需要的特性。

二、建立 P2P 网贷个人信用风险评估模型

(一) P2P 网络借贷平台个人借款者信用风险评估指标选取

P2P 网络借贷的特点之一就是要求借款人提供的个人信息较为简单，一般为其身份信息、基本资产状况、年龄、学历等个人基础情况，而后通过第三方认证平台对借款人提供的信息进行认证，根据认证后的信息对借款人的信用等级进行评定，并将信息及评级结果在网站上公布，供贷款人参考。故本文根据 P2P 网络借贷的特点、人人贷网站可观测的数据及商业银行个人信用评级指标选取原则，将借款人的基本资料归纳为人口特征、职业状况、收入财产、历史信用、操作认证五个方面。

指标选取及取值理由如下。

(1)人口特征。人口特征包括年龄、婚姻状况和文化程度。年龄：不同年龄阶段的借款人的违约率有较大差别。一般而言，30 岁至 45 岁收入情况稳定，经济状况良好，其违约风险较低；年龄较小的借款人储蓄能力较低，缺少良好的消费习惯，其违约风险较高；而年龄较大的借款人收入水平较低，突发消费较多，其违约风险也相对较大。婚姻状况：已婚的借款人情况较为稳定，而离婚和未婚的借款人信用状况可能偏低。文化程度：一般而言，文化程度越高发生违约的几率越低，因此，本文假设文化程度

与指标取值呈正比，具体的指标取值见表 1。

表 1　P2P 网络借贷平台个人信用评估指标数值化

指标分类	具体指标	指标取值				
人口特征	年龄	25 岁以下	26～35 岁	35～50 岁	50 岁以上	
		2	4	6	4	
	婚姻状况	已婚	未婚	离异		
		6	4	2		
	文化程度	研究生及以上	本科	大专	高中	初中及以下
		9	7	5	3	1
职业状况	单位类别	政府机关	500 人以上	100～500 人	10～100 人	10 人以下
		7	5	4	3	2
	岗位类型	法人	股东及高管	般管理人员	般员工	
		7	5	3	1	
	工作年限	5 年以上	3～5 年	1～3 年	1 年以下	
		5	4	3	2	
收入财产	收入	50 000 元以上	20 000～50 000 元	10 000～20 000 元	5 000～10 000 元	5 000 元以下
		10	8	6	4	2
	房产	有房无贷	有房有贷	无房产		
		10	5	1		
	车产	有车无贷	有车有贷	无车		
		6	3	1		
历史信用	成功还款次数	10 次以上	5～10 次	1～5 次	0 次	
		7	5	3	1	
	逾期还款次数	0 次	1～3 次	3～6 次	6 次以上	
		10	7	4	1	
操作认证	认证种类	8 个以上	6～7 个	4～5 个	2～3 个	2 个以下
		9	7	5	3	1

（2）职业状况。职业状况包括单位类别、岗位类型和工作年限。单位类别：一般而言，政府机关职工收入水平稳定，违约的可能性越小，故其取值最高；企业规模越大，收入水平越稳定。岗位类型：岗位级别越高，收入水平越高，违约风险越小。工作年限：工作年限越长，收入水平越稳定，违约几率越小。

（3）收入财产。收入：收入越高，违约的风险越小。房产：在我国，住房条件通常代表个人的经济能力，所以有房产的比无房产的违约几率小。车产：车也代表着个人的经济能力，所以有车的更不容易违约。

（4）历史信用。历史信用用成功还款次数和逾期还款次数来反映。成功还款次数：成功还款次数越多，说明其信用越好。逾期还款次数：逾期笔数越多信用等级取值越低。

（5）操作认证。认证种类越多，说明其情况越真实，违约的可能性越小。

本文参考银行个人信用评级取值标准，结合 P2P 网络平台的特点，以及各个指标对于信用评级的重要性，对以上信用评估指标进行信用风险量化，具体取值如表 1。指标取值越高，信用级别越高，违约的可能性越小。

（二）数据收集与处理

1. 数据收集①

本文从人人贷网络交易平台交易数据中选取 164 名无违约记录的借款人信息和 4 名有违约记录的借款人信息，共 168 组数据作为 P2P 个人借款者信用风险评估的样本。样本选取截止到 2015 年 9 月 10 日。根据表 1 将个人信用指标中的定性指标转化为定量数据。

2. 数据归一化处理

一般而言，神经网络的样本输入数值需要进行归一化处理。本文通过最大最小值法对数据进行归一化处理，即运用式(1)进行归一化：

$$u_i = \frac{u - \min(u)}{\max(u) - \min(u)} \tag{1}$$

最大最小值法对数据的归一化处理是一种线性变换，所以数据归一化处理后能够较好地保留其原始意义，不会造成信息的过多丢失。

（三）模型的构建

本文采用三层神经网络模拟 P2P 网络借贷平台个人信用风险评估过程，如图 1 所示。

输入层节点数为 12，分别为年龄、婚姻状况、文化程度、单位类别、岗位类型、工作年限、收入、房产、车产、成功还款次数、逾期还款次数、认证种类。隐层节点数一般先根据黄金分割法确定节点数的大致范围，再经过实验确定最优节点数。输出

---

① 个人借款者信息数据均来自 P2P 网站(人人贷)。

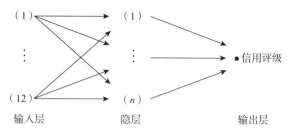

图 1　神经网络拓扑结构

层为 P2P 平台个人借款者信用等级，虽然人人贷将信用评级结果分为 AA、A、B、C、D、E、HR 七类，但只有 A、D、E、HR 这四个信用等级有较多的借款者，所以模型输出层也只取四个信用等级。输出层节点数为一，取值分别为 4，3，2，1，分别对应四个信用等级，信用等级 A 取值为 4，信用等级最高，其违约的可能性最小，取值为 3 的信用等级次之，信用等级 HR 取值为 1，等级最低，最有可能违约，不能及时还款。

(四)模型仿真

本文首先采用 Matlab 软件进行网络的训练和仿真。经过多次实验，选取适当的层次训练误差，用 BP 算法对神经网络进行训练，得到网络的权值和阈值，建立完全基于 BP 神经网络的 P2P 网络借贷个人借款者信用风险评估模型。然后对该模型进行预测精度分析，进行仿真结果检测。最后是对模型仿真进行 BP 神经网络模型的压力测试，在 P2P 个人信用风险评估指标体系部分信息缺失的情况下，进行仿真预测结果验证，测试 BP 神经网络在 P2P 网络借贷个人借款者信息模糊情况下的信用风险评估能力。

1. 训练过程与结果

在仿真过程中，用 168 条数据中前 150 条数据作为训练数据，并进行拟合，其中含有 147 个无违约借款人和 3 个违约记录的借款人；将第 151 至 168 条数据作为测试数据，其中违约借款人样本为 1 个，无违约记录的借款人样本为 17 个。使用 train 函数来训练创建的 BP 神经网络，设置训练步长为 500，逾期误差目标是 0.01，经实验，最优隐层节点数为 6。

由图 2 可以看出，经过 500 次迭代后，达到预期误差目标 0.01。BP 神经网络模型训练时间较短，模型较优。

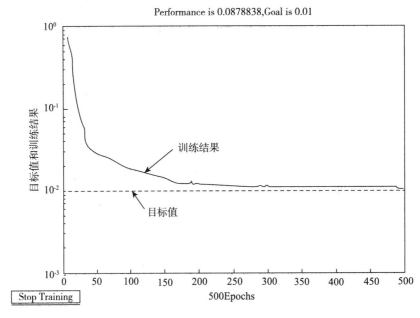

图 2　训练运算结果图

模型训练运算结果拟合图见图 3。由图 3 可以看出，BP 神经网络模型在训练过程中的误差大概服从正态分布，情况良好，线性拟合系数较高，拟合情况良好。

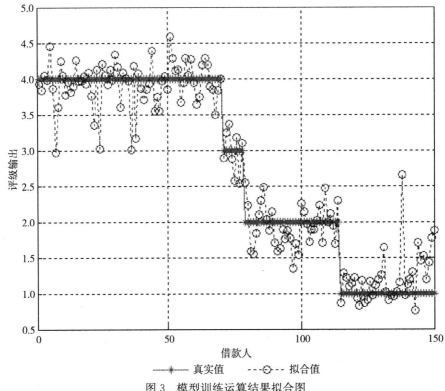

图 3　模型训练运算结果拟合图

2. 仿真过程与结果

训练及拟合完成后，对经过训练生成的神经网络模型的预测结果进行验证。

输入测试数据，即第 151 至 168 条验证数据后，对比目标输出结果与模型输出结果，见表 2，其中目标输出为网站对个人借款者的评级，模型输出结果为 BP 神经网络仿真结果。表 2 为部分借款人目标输出与模型输出结果。

表 2　目标输出与模型输出结果对比表（部分）

输出类型	借款人 151	借款人 152	借款人 157	借款人 158	借款人 164	借款人 165	借款人 167
目标输出	1	1	4	4	2	2	3
模型输出	1.185 5	1.819 3	3.717 8	3.770 0	1.700 6	1.619 7	2.446 7
评级输出	1	2	4	4	2	2	2

将模型仿真结果四舍五入得到评级输出结果，将评级输出结果与目标输出结果进行对比，模型识别准确率为 83.3%。由表 2 和模型识别率可以看出，模型在根据 150 个借款人数据进行训练和学习后，模型预测的输出结果和目标输出结果基本一致。由此可见根据 BP 网络的算法思想建立的 P2P 网络信贷借款人信用风险评估模型，通过对人人贷网络借贷平台信用历史数据的训练和学习，调整模型各组成神经单元之间的连接权重，确定输入输出之间的内在联系，具备了对 P2P 网络借贷个人借款者信用的预测评估能力，且评估的准确率较高。

3. 数据缺失情况的仿真结果验证

由于 P2P 网络信贷平台的数据采集信息是由借款人自主录入的，存在借款人部分信息缺失，或者借款人刻意隐瞒或无意导致部分信息录入错误的情况，因此 P2P 网络借贷平台验证借款人信息时，会存在部分无效信息。在信息缺失情况下，P2P 自身的信用风险评价体系无法对借款人的信用风险进行评级。BP 神经网络模型特点之一就是在部分数据缺失的情况下依然能够通过之前的训练结果给出较为准确的评级结果。本文从第 151 至 168 条数据中剔除输入层的 12 个指标后，对模型的预测结果进行验证。在信息缺失的情况下，目标输出与模型输出结果对比见表 3。

表 3　目标输出与模型输出、数据缺失情况结果对比表

	借款人 151	借款人 157	借款人 158	借款人 164	借款人 168	模型识别率
目标输出	1	4	4	2	3	3
评级输出	1	4	4	2	2	83.333%

续表

	借款人 151	借款人 157	借款人 158	借款人 164	借款人 168	模型识别率
年龄缺失的评级输出	1	4	3	2	2	77.778%
婚姻状况缺失的评级输出	1	4	4	2	2	77.778%
文化程度缺失的评级输出	1	4	4	1	3	72.222%
单位类别缺失的评级输出	1	4	3	2	3	66.667%
岗位类型缺失的评级输出	1	4	4	2	2	66.667%
工作年限缺失的评级输出	1	4	4	2	3	77.778%
收入缺失的评级输出	1	4	4	1	4	66.667%
房产缺失的评级输出	1	4	4	2	2	72.222%
车产缺失的评级输出	1	4	4	2	3	72.222%
成功还款次数缺失评级输出	1	3	4	2	2	50.000%
逾期还款次数缺失评级输出	1	4	4	1	2	55.556%
认证种类信息缺失评级输出	1	4	2	1	2	55.556%

从表 3 信息缺失情况下模型输出结果与目标输出结果对比情况来看，在年龄信息、婚姻状况、文化程度、工作年限、房产和车产缺失的情况下，虽相较于信息完整的模型输出结果有一些差距，但整体模型输出结果与目标输出仍基本一致；在单位类别、岗位类型和收入信息缺失的情况下，模型输出结果与目标输出结果有较大的差距；在成功还款次数、逾期还款次数、操作认证信息缺失的情况下，模型输出结果与目标输出结果差别大，但未出现逆转性结果，即信用风险较低的借款人不会被判断为信用风险较高的借款人，故仍可以作为对 P2P 网络信贷中借款人信用风险评价的依据。由此可见，在信息模糊缺失的情况下，BP 神经网络模型仍具备对 P2P 网络信贷借款人信用的预测评估能力，且评估的准确率仍然较高。

三、结果分析和建议

本文利用 BP 神经网络模型建立的 P2P 网络信贷借款人信用风险评估模型验证情况良好，即使在部分信息缺失或模糊的情况下，仍能对借款人的信用风险做出较为准确的判断，具有较强的预测评估能力且具有一定的适用性，可以推广使用。本文的 BP 神经网络信用风险评估模型具备很强的评估能力的原因，主要是 BP 神经网络本身具有很好的知识发现和特征抽取能力，十分适合信用风险类的评估，总体实验结果证明了 BP

神经网络适用于 P2P 网络借贷个人借款者信用风险评估。

基于以上研究结论以及个人信用风险评估内外环境的要求，本文提出了完善 P2P 网络借贷平台个人借款者信用风险评估、促进 P2P 平台健康发展的对策和建议。

第一，加强 P2P 网络借贷平台信息认证，保证个人信息的准确性。P2P 网络借贷平台对借款者的评级需要借助借款者所提供的信息，信息的真实、准确是评级的关键，网站应对借款者提供的信息进行实地认证或证件认证，避免错误信息导致错误评级，损害贷款者的利益。

第二，增加 P2P 网络借贷平台信息的披露。更多的个人信息有利于贷款者对借款者的全方位了解，也更加有利于网站对借款者进行信用评级。

第三，P2P 网络借贷平台应及时披露逾期还款名单。逾期还款的次数对信用评级是至关重要的，及时披露，调整信用评级，有利于贷款者准确地了解借款者的情况。及时的逾期披露也给借款者带来了一种无形的压力，促使他们及时还款，重视信用。

参 考 文 献

姜岩. 2014. P2P 网络信贷中借款人的信用风险评估研究[D]. 南京理工大学硕士学位论文.

罗洋, 王艳, 许可. 2009. 微型金融的新趋势：P2P 在线贷款模式[J]. 黑龙江金融, 6：89-94.

宋文, 韩丽川. 2013. P2P 网络借贷中投资者出借意愿影响因素分析[J]. 西南民族大学学报（自然科学版）, 5：795-799.

王春峰, 万海晖, 张维. 1999. 基于神经网络技术的商业银行信用风险评估[J]. 系统工程理论与实践, 9：24-32.

肖曼君, 欧缘媛, 李颖. 2015. 我国 P2P 网络借贷信用风险影响因素研究——基于排序选择模型的实证分析[J]. 财经理论与实践, 1：2-6.

谢平, 邹传伟. 2012. 互联网金融模式研究[J]. 金融研究, 12：11-12.

Collier B C, Hampshire R. 2010. Sending mixed signals：multilevel reputation effects in peer-to-peer lending markets[C]. Proceedings of the 2010 ACM Conference on Computer Supported Cooperative Work, 2：197-206.

Iyer R, Khwaja A I, Luttmer E F, et al. 2009. Screening in new credit markets：can individual lenders infer borrower creditworthiness in peer-to-peer lending? [J]. National Bureau of Economic Research, 15242：9-31.

Lin M. 2009. Peer-to-peer lending：an empirical study[J]. Doctoral Consortium, 12：147-179.

McClelland J L，Rumelhart D E. 1986. Parallel Distributed Proceeding［M］. Cambridge：The MIT Press.

Werbos P. 1974. Beyond regression：new tools for prediction and analysis in the behavioral sciences［D］. PhD. Thesis，Harvard University.

互联网背景下的消费金融现状、问题及对策研究[*]

郑登攀

（杭州电子科技大学管理学院，浙江，杭州，310018）

摘　要　当前，在我国政府大力促进消费的宏观经济背景下，消费金融发展已经得到了企业和理论界的重视，而互联网的渗透进一步为消费金融发展带来了各种挑战和机遇。基于此，论文分析了消费金融当前发展的问题，以及互联网对消费金融带来的影响，提出了促进互联网消费金融的重点在于有效引导居民扩大消费金融需求、促进消费金融产品创新、培育新型的消费金融文化与消费信用意识、从制度层面完善消费金融发展环境等。最后针对以上重点建议进一步促进互联网程度的加深、完善信用体系建设和构建科学的监管体系。

关键词　互联网；消费金融；对策

中图分类号：F49　文献标识码：A

一、引　言

　　目前，在国家深化经济体制改革，坚持稳中求进的工作总基调，实行微刺激和稳增长的大背景下，股市投资信心不足，房地产价格下跌预期强烈，消费增长形势如何，成为社会普遍关注的问题。纵观政府的促进消费政策，2014 年国家出台了 13 项刺激消费的政策，政府报告中多次提到消费是经济增长的重要引擎，是我国发展的巨大潜力

---

　　* ［基金项目］：本项目受浙江省信息化与经济社会发展研究中心资助。国家自然科学基金（项目编号：71502046；71402160），浙江省自然科学基金（项目编号：LQ13G020004；LQ14G020014）。

　　［作者简介］：郑登攀（1983—），男，湖北潜江人，杭州电子科技大学管理学院讲师，研究方向：企业管理。

所在,由此可见我国的政策导向正在从一边倒的刺激投资逐步向消费倾斜。在未来5～10年的中长期内,世界经济不确定性、国际市场萎缩和动荡已经成为趋势。但是,庞大的国内市场规模,特别是新一轮城镇化背景下的内需扩大是我国稳增长可靠而坚实的保障,在此基础上确立的消费主导已经成为我国中长期经济增长的基本战略,也是直接关系我国经济转型与改革的基本选择(叶湘榕,2015)。

在消费领域,近期四大互联网巨头在消费金融领域动作频频。京东从"京东白条"到"白条＋";阿里巴巴预计砍掉天猫分期业务,主推芝麻信用;腾讯的"微粒贷"内部上线;百度的消费金融产品"百度有钱"则以教育信贷为切口,已经与清华工商管理硕士(master of business administration,MBA)携手推出相关服务。京东白条和阿里巴巴的芝麻信用可完美接入其各自的电商平台,用户在购物之后,可用京东白条或者芝麻信用派发的信用额度付费。微粒贷用QQ钱包试水,根据用户的过往操作行为,审核发放信用额度,提供个人小额贷款。其主要满足的是2万～20万这一档的需求,即小额的经营性或者创业贷款。而百度有钱是百度金融事业部秉持百度"连接人与服务"的战略方向推出的金融消费平台,全面发力教育贷款服务。不仅如此,面对互联网金融的冲击,传统消费金融机构的经营理念和经营模式也在发生改变,它们变得更加"互联网化"了(杨涛,2015)。互联网消费金融的发展无疑将会对我国消费金融市场产生深远影响,本文拟对此问题做出深入探讨。

二、消费金融及其发展概况

消费金融是较新的金融和经济学研究领域,目前尚未形成完整的理论体系,因而也未有一个比较统一的定义(刘玉,2015)。消费金融在广义上可理解为与消费相关的所有金融活动,狭义上可理解为满足居民对最终商品和服务的消费需求而提供的金融服务。国外一般是从消费主体出发来定义消费金融的,认为消费金融是指消费者、个人或家庭的消费、储蓄和理财等金融行为。国内的大多数学者也认为,消费金融不只是指为个人消费行为提供金融服务,因为个人消费行为会同时涉及个人或家庭的收入、消费、储蓄与投资、资产配置等问题。与商业银行个人消费类信贷产品、信用卡业务相比,消费金融审批更灵活、手续相对简便、客户覆盖面更广,能够使更多的消费者享受到便捷的金融服务(表1)。消费金融公司在一些西方国家以及亚洲地区,如日本、中国台湾等已经形成成熟的运作模式,在个人信贷领域,具有与信用卡业务、商业银行个人贷款业务三分天下的重要地位,市场份额接近30%,对解决民众日常消费需求和提升消费水平具有重要作用。2010 年，经中国银行业监督管理委员会(简称中国银监会)批复，在北京、成都、上海、天津先后成立了北银、四川锦程、中银与捷信四家消费金融公司(表2)。经过三年多的经营发展，我国消费金融公司试点工作取得显著成效。据中国银监会统计，截至 2013 年 7 月，全国首批四家消费金融公司资产规模已达到 63 亿元，共发放 39 万笔贷款，贷款余额为 88 亿元，部分小额单笔贷款额度仅为 4 000 元。

表 1　消费金融公司贷款与银行贷款比较表

贷款类型	经营机构					借款人			
	资金成本	业务范围	风险	渠道优势	用途管理	便捷性	利率	额度	贷款可获得性
消费金融公司	高	窄	高	销售机构	透明	便捷	高	低	容易
银行抵押担保贷款	低	宽	低	网点	一般	不便捷	低	高	视抵押担保物而定
银行信用贷款	低	窄	较高	网点	不透明	一般	低	一般	不容易

表 2　我国首批四家消费金融公司情况表

名称	北银消费金融公司	四川锦程消费金融公司	中银消费金融公司	捷信消费金融公司
成立时间	2010 年 2 月 25 日	2010 年 3 月 2 日	2010 年 6 月 12 日	2010 年 12 月 1 日
注册资本	3 亿元(现 8.5 亿元)	3.2 亿元	5 亿元	3 亿元
股本结构	北京银行全资	成都银行(占 51% 的股份)与其境外战略投资者马来西亚丰隆银行合资组建	中国银行(占 51% 的股份)、百联集团及陆家嘴金融发展有限公司合资组建	中欧、东欧最大的私有投资集团 PPF 集团全资建立
主要合作商	业务合作渠道 100 余个，初步形成教育培训、手机通信、白色家电及装修装饰类贷款渠道体系	多个合作商务门店，如龙翔电子、苏宁电器等	旅游、家电、车牌、奢侈品、百货超市、家居建材、月子、租车、婚庆、母婴、教育培训等	强大的分销渠道主要包括：店内分期付款网点、邮局等
主要目标客户	都市白领、社会新鲜人、蓝领工人、新婚家庭等商业银行无法惠及的各层级人群、京郊农村市场	收入较为稳定的年轻中低端收入人群；为商业银行无法惠及的客户提供专业服务	广大工薪阶层等	那些时尚消费观念和希望尽情享受生活的年轻人

续表

名称	北银消费金融公司	四川锦程消费金融公司	中银消费金融公司	捷信消费金融公司
主要业务	个人及家庭旅游、婚庆、教育、装修等各类消费贷款事项	满足城乡居民在家电、旅游、婚庆等方面的金融需求；满足中低度消费群体不同层次的金融需求	面向广大工薪阶层提供透支消费的融资业务	主要是提供贷款给寻求购买耐用品的客户；向首次借款客户提供贷款、并向已有的已经还款的客户提供循环信贷额度

注：2013年6月，北银消费金融公司与西班牙桑坦德消费金融公司，以及国内利时集团、联想控股、大连万达、北京联东、北京正道九鼎、华夏董氏兄弟、北京市京洲、上海锐赢八家民营企业签署股份认购协议；同时与桑坦德消费金融公司签署了战略合作协议。目前公司注册资本达到8.5亿元

资料来源：根据相关公司网站和有关资料整理

虽然消费金融发展较为迅速，但是也存在一些问题，主要包括以下几个方面。

一是有效验证渠道少。消费金融公司依赖个人征信体系，判断个人信用情况，从而发放贷款。目前我国个人征信系统尚处于起步阶段，个人信用记录分散在人民银行、电信、税务、公安、交通管理、水电燃气公共事业单位等部门中，且不完整，信息的及时性也较差。消费金融公司难以对申请人信用信息进行有效核实，影响了信用审查的效率，也给客户造成了很大不便。

二是缺乏有效的贷款载体。从现有消费金融公司的实践看，由于不能发行贷记卡，只能通过签订书面合同形式，发放居民个人消费贷款。在流程方面，客户多次贷款，须多次申请、多次审批，大大提高了客户的时间成本，很多客户因此放弃了贷款计划；同时，多次审批也提高了消费金融公司的作业成本，不利于消费金融公司更好地服务于中低收入百姓。

三是信用风险较大。消费金融公司的独特之处在于无需担保和质押，贷款办理速度快，而这两点恰恰又是其致命的弱点，这种信贷模式大大增加了消费金融公司的信用风险。因为往往调查一个人的信用情况就做不到快捷，做到了快捷，又可能面临信用风险，这显然是一种困境。实践中消费金融公司为了保持自己的独特性，只能放弃降低信用风险。在无担保的情况下，若出现了消费者违约的现象，却没有相应的物品进行补偿，极易造成消费金融公司的坏账(王会娟和廖理，2014)。

三、互联网对消费金融发展的影响

互联网的普及对消费金融的发展产生了重要的影响，主要包括以下几个方面。

(一)改变消费金融市场格局

首先，消费金融市场发展不平衡的局面将得到改变。互联网消费金融将逐渐覆盖几乎所有不同地区、不同收入的网络人群，使发达地区和不发达地区、城市和农村消费金融发展不平衡的局面得到改善。由于消费金融的边际成本极低，原来被忽视但数量庞大的客户群体将受到关注，许多潜在的利基市场将被打开，处于不同细分市场的客户群体的需求都将得到较好满足。

其次，消费金融市场主体将呈现多元化趋势。在原来的消费金融市场上，市场主体以商业银行为主、汽车金融公司和消费金融公司为辅，而互联网消费金融的发展将改变这种局面，使市场主体变得更为多元化。许多不同背景的互联网金融企业将进入消费金融领域，专注于为各细分市场提供专业化的消费金融服务。此外，传统金融机构和互联网金融机构也会加强合作甚至相互融合。

最后，消费金融市场创新产品将层出不穷。互联网为消费金融提供了强大的渠道挖掘能力和信息组合能力，使各种创新产品的出现成为可能。从已有的实践可以看到，互联网消费金融在支付、投资与理财、信贷等方面已经推出了许多创新产品，也具备推出更多创新产品的能力。此外，由于互联网消费金融往往是针对某个细分市场来设计产品的，因而创新产品的质量会比较高而成本会比较低。

(二) 扩大消费金融市场规模

从需求方面看，在网络消费逐渐成为主流消费模式、负债消费观念在更大范围内被接受的情况下，许多细分的消费金融市场将被打开，消费金融市场需求不足的局面将得到改善。不同收入阶层的人群都有消费金融服务的需求，当支付账户的开立和转账金额的大小不受任何限制、投资理财的门槛可以降到10元甚至是1元、消费信贷的金额可以低至几百元的时候，消费金融市场的需求自然会增加。从供给方面看，互联网金融机构和传统金融机构都在发力消费金融市场，各细分市场的供给都将变得充足。几大电商巨头已频频动作，纷纷布局消费金融市场，尤其注重提供场景定制的个性化服务。传统的消费金融服务机构也在转变观念和调整定位，积极参与互联网金融活动，利用互联网进行各种创新，打造基于互联网的消费金融新模式。

从现在消费金融市场发展的情况来看，传统消费信贷将继续保持高速增长，同时互联网消费金融可能出现爆发式增长，因而整个消费金融市场的规模将会快速扩大。

根据央行的统计数据，2014 年我国包含房贷在内的消费信贷约占银行业信贷资产的 18.8％，远低于发达国家 30％左右的水平，因此，从长远看，我国消费金融市场的发展空间还很大。

(三)提高消费金融市场效率

一是互联网金融机构和传统金融机构相互竞争，将使消费金融市场产品定价更为合理。传统金融机构提供的支付、理财、信贷、信用卡等方面的消费金融产品，互联网金融机构会以一种更"亲民"的互联网方式提供，这无疑会对传统金融机构形成压力，同时促使其对产品做出更为合理的定价，如互联网"宝"类理财产品大量出现后，其巨大的吸金能力抬升了商业银行的资金来源成本，一度给商业银行形成巨大压力，促使商业银行不得不去提高其对利率的定价能力。

二是采取线上业务模式将极大降低消费金融机构的运营成本。借助互联网开展金融业务的最大好处是可以极大降低成本，完全采取线上业务模式运作的金融机构不需要设立网点，所有消费金融业务都在网上进行，这无疑可将消费金融机构的运营成本降至最低，如开业不久的深圳前海微众银行就是一家这样的纯互联网银行。传统金融机构通过机构互联网化后，可采取线上和线下相结合的运营模式，也会大大降低其运营成本。

三是专注细分市场将增强消费金融机构的产品创新能力。互联网金融机构大多专注于细分市场，其好处是可以有针对性地开发创新产品，以最好地满足客户的需求，如京东针对校园、旅游等不同的消费场景推出不同的"白条"产品。对于消费金融公司来说，也需专注细分市场，以更好发挥自己的产品创新能力。

四是运用大数据技术将提升消费金融机构的风险管理能力。互联网金融机构目前还不能像传统金融机构那样从人民银行征信系统获得个人数据，不过它们可以挖掘大数据这一宝藏，运用大数据技术来进行信用评估和风险管理。随着征信体系的完善，互联网消费金融机构和传统消费金融机构都将可以利用大数据技术来提升自己的风险管理能力。

以上所述是互联网消费金融发展带来的积极影响，当然它也可能带来消极影响。例如，互联网消费金融将服务对象扩大到缺乏信用记录的人群或较低收入人群，消费金融市场的整体风险可能加大。又如，市场主体的多元化发展和各种创新产品的不断推出，无疑将加大对消费金融市场的监管难度(谢平和邹传伟，2012)。

四、互联网下消费金融发展的问题

由于电子商务平台累积了大量的用户，企业可以根据多年累积的平台交易数据结合相关技术分析出用户的信用状况，目前已经有许多电子商务公司进入互联网金融领域，典型代表有阿里巴巴、京东和慧聪等，其优势主要体现在销售渠道广、经营成本低、资源配置效率高、服务效率高、信息获取和处理能力强、时空优势、技术分析手段强、技术创新意识强方面。但是，目前互联网消费金融也存在劣势。

(一)金融产品设计经验不足

互联网金融的优势更多体现在金融产品的销售环节，在产品的设计能力方面有所欠缺。而传统金融机构已经历了几百年的发展，经过数次金融危机的历练，金融产品的设计能力都已经非常强，远非刚刚起步的互联网金融企业可以比拟。

(二)信用体系欠缺

传统金融机构，尤其以银行为代表的大型金融机构具有信用信息优势。多年以来，银行一直承担着国家最主要的信用中介的职能，在经济和社会中发挥了重要作用。

人民银行的征信体系为我国商业银行信贷业务的开展提供了重要信息，而互联网金融机构因其非金融机构的身份无法加入人民银行的征信体系，更不能使用征信系统的信息。对于P2P、电商小贷企业来说，他们的业务必须以交易对象的信用信息为基础。因此，覆盖面广泛、受众宽泛的征信体系的缺乏，在短期内限制了互联网金融的发展(王江等，2010)。

(三)风险控制经验缺乏

互联网金融的本质仍旧是"金融"，而金融的存在必然伴随风险，尤其是这种基于网络构建而成的金融更是伴随着巨大的不确定因素，这就需要风险意识和风险管理水平的同步发展。可是，互联网金融现在的火热和成功很容易让人们过多地关注它的收益，而忽略它所存在的风险。同时，我国互联网金融企业对风险识别的能力还具有很大的局限性。即使在成熟的传统金融市场，金融违约的案例也时常发生，相比而言，快速发展的互联网金融将面临识别风险的巨大挑战。此外，由于互联网金融是在互联网基础上建立起来的，相对于传统金融行业，网络的稳定和安全问题更加大了互联网金融的风险程度。

五、促进互联网下消费金融快速发展的重点

作为起点，我国需要有效引导居民扩大消费金融需求。首先，应该构建居民消费与金融创新的良性互动机制。一方面，应该把促进居民消费上升到更高的国家战略层面。通过真正增加居民可支配收入，完善社会保障体系以增加居民消费意愿等，真正释放消费动力。尤其需注意的是，只有真正能够增加中低收入者的可支配收入，并且着力解决城乡消费差距，激活农村消费市场，才能更有效地把增加消费与解决社会矛盾有效结合起来。在此基础上，消费者自然会逐渐增加金融需求，进而形成继续促进消费的良性循环(廖理和张学勇，2010)。

另一方面，整个中国金融体系的基本功能，仍然体现出"生产性金融"特色，尚未真正重视消费性金融发展。很多人把银行消费信贷等同于消费金融，恰恰说明了还缺少多元化的消费金融支撑。要改变现状，使消费金融真正成为提振居民消费的主力军，就需要从机构与产品创新、政策和制度优化两大层面着手加快改革，通过消费金融产品的"供给创造需求"，才能使越来越多的人能够使用消费金融服务。

其次，还需要进一步引导居民消费观念的转变，培育新型的消费金融文化与消费信用意识，构造一个能融合国内消费和金融双重特点的现代消费金融生态系统。由于各种外在因素的制约，我国传统文化更强调"未雨绸缪""节约是美德"，其背后必然是对未来的某种悲观主义判断，即把未来产生"或许"收益的概率估计得很小，因此当下就要更"节衣缩食""以收定支"，这也制约了消费金融在我国的发展。因此，除了完善外部环境、改善居民消费预期之外，还需要构建更加现代化的消费金融文化，促进公众形成合理的金融支持消费理念，以及尊重信用的行为模式(Tufano，2009)。

作为保障，还需要从制度层面着手来完善消费金融发展环境。一是，构建系统的消费金融支持政策体系。二是，在吸取国外经验教训同时，努力构建适应国情的消费金融监管机制，以功能监管、差异化监管为基本思路，为防范未来消费金融扩张中的潜在风险奠定基础。还有，除了鼓励银行加快拓展消费金融业务、引导消费金融公司健康发展之外，还应该把基于互联网的消费金融创新作为重中之重。因为在小额、便

捷、体验等方面，互联网消费金融产品可能会带给消费者更加有效的服务，也有可能运用大数据和信息技术来更好地管理风险和控制成本。当然，这一市场的发展还需要规范和引导，从而真正与银行和消费金融公司形成产品互补、客户互补、功能互补。

六、互联网下消费金融发展的对策

第一，互联网程度的加深。可以说，在互联网渗透全行业的今天，包括消费金融在内的中国金融产业的互联网化已是大势所趋。消费金融的互联网化包括产品的互联网化、服务模式的互联网化和风险管理模式的互联网化。首先，在互联网消费中还有很多尚未开发的需求，如保险、基金、证券等，这些可以通过互联网技术的发展逐步进行挖掘，从而设计出更多、更好的产品；其次，互联网改变了人们以往的消费习惯，从消费的时空、支付方式等都发生了变化，如何在互联网技术条件下更好地满足消费者的需求，需要创新服务模式和渠道；最后，在互联网消费下，可以通过技术手段记录消费者的交易信息、资金信息等，这对于金融机构进行控制风险、提高风险管理水平是一笔巨大财富，同时也对传统风险控制模式提出了挑战（乔海曙和吕慧敏，2014）。

第二，信用体系建设的完善。我国信用体系的建设比较晚，目前央行征信中心建立的征信系统下的信用信息覆盖面最广，数据量最大。近年来，信用中介机构开始逐步发挥作用，加之现在互联网金融中的违约问题屡见不鲜，这使社会重视建立并逐步完善信用体系。一些互联网金融平台因其掌握大量的数据信息，开始自建信用体系，如支付宝下的芝麻信用、腾讯信用、拉卡拉等。现在最大的问题在于，国内无论是政府主导下的央行征信体系还是布局互联网个人征信的企业，他们的数据都没有形成一个良好的体系，这需要进一步加强彼此之间的合作与对接。未来全社会的互联网金融数据会进一步整合，并打破现有的数据壁垒，建设完善的信用体系，这也必将成为未来互联网金融企业的核心竞争力。

第三，监管体系的到位。监管体系的最终目的是预防各种风险的发生，将损失降至最低，对于消费金融行业而言，有不同于一般行业的特殊性，如产品的多样性、客户的不稳定等，因此更需要有足够完善的监管体系，相对于消费金融等互联网金融产品的快速发展，现有的监管体系显得明显不到位：从监管主体上，消费金融涉及支付、信贷等多个领域，业务之间有大量的关联和交易，这样存在监管真空；从监管手段上，对互联网金融的交易过程的监控比较薄弱，不能及时对出现的新情况做出反应，也涵盖不了互联网金融的蔓延性。

参 考 文 献

廖理，张学勇．2010. 首届中国消费金融研讨会综述[J]. 经济研究，1：153-160.

刘玉．2015. 我国互联网消费金融的现状和趋势研究[J]. 中国集体经济，24：95-97.

乔海曙，吕慧敏．2014. 中国互联网金融理论研究最新进展[J]. 金融论坛，7：24-29.

王会娟，廖理．2014. 中国网络借贷平台信用认证机制研究——来自"人人贷"的经验证据[J]. 中国工业经济，4：136-147.

王江，廖理，张金宝．2010. 消费金融研究综述[J]. 经济研究，(s1)：5-29.

谢平，邹传伟．2012. 互联网金融模式研究[J]. 金融研究，12：11-22.

杨涛．2015. 互联网时代的消费金融创新与发展[J]. 浙江经济，13：16-17.

叶湘榕．2015. 互联网金融背景下消费金融发展新趋势分析[J]. 征信，6：73-77.

Tufano P. 2009. Consumer finance[J]. Annual Review of Financial Economics，1：227-247.

我国农业信息化水平估算及影响因素分析[*]

李晓钟　张　洁

（杭州电子科技大学 经济学院，浙江，杭州，310018）

摘　要　本文利用波拉特法对我国2006～2013年的农业信息化水平进行了测算，实证结果表明我国农业信息化水平有所提高，但是上升幅度不大。利用灰色关联法对影响农业信息化水平的因素进行了关联度分析，发现对农业产值和农业信息化水平影响较大的为信息传输、计算机服务和软件业。论文分析了我国农业信息化水平较低的原因，并据此探讨并提出了对策建议，以期为我国农业信息化水平的提高提供有益的思路。

关键词　农业信息化；信息化水平；影响因素；关联度

中图分类号：F49　　**文献标识码：**A

一、引　言

随着信息技术的不断发展与应用，信息产业在国民经济发展中的地位日趋重要，一个国家社会生产力的发展水平在一定程度上取决于其信息化的程度。农业一直被视为人类发展其他产业的根本和前提，农业信息化不仅可以为传统农业转向现代化农业提供技术上的支持，而且可以推动农业经济的跨越式发展。

---

　*　[基金项目]：国家社科基金重点项目"智能服务产业化路径研究"（12AZD111）；浙江省信息化与经济社会发展研究中心。

　[作者简介]：李晓钟（1964—），浙江大学经济学博士，管理学博士后，杭州电子科技大学经济学院智慧产业研究所所长、教授、博士生导师，研究方向：产业经济与国际贸易。联系方式：13196586783；Li＿xzh＠sina.com）。张洁（1993—），杭州电子科技大学经济学院硕士研究生，研究方向：国际贸易学。

近年来,农业信息化方面的研究得到国内外学者的日益重视。汪卫霞(2011)指出信息化必然是中国告别传统农业并建立起现代农业的技术选择。马克卢普(2007)开创了社会信息化测算的先河,波拉特(1987)独创地将信息产业从三次产业中分离出来,提出了社会信息化程度测度的波拉特法。张文娟(2009)、王喜和(2008)、汤坚玉和王磊(2006)、吕斌和李国秋(2007)等对国内外各种社会信息化测度方法进行了研究比较,揭示了各种方法的优缺点。在对农业信息化水平进行测度时,黄婷婷和李德华(2008)、王爽英(2008)等采用了波拉特法,结果显示中国的农业信息化水平总体上是逐步提高的,但上升幅度不大,他们同时也采用相应的方法就各信息化指标对农业信息化的影响进行了分析。刘英爱等(2007)借鉴国家信息化指标体系,选取指数模型对河北省农业信息化现状进行了综合测度与分析,杨诚(2010)和叶华(2012)基于第二次全国农业普查数据分别对全国和浙江省农业信息化指标进行了研究。Moon 等(2012)分析了韩国农业在信息化过程中的数字鸿沟问题以及政府在其中的作用。Ballantyne(2009)讨论了农业信息的获取、共享、传播的新趋势和问题。Rehman 等(2013)以巴基斯坦为例研究农民的社会经济特征对农业信息获取的影响。郑亚琴(2008)则通过比较中印农村信息化的发展特征,从印度的发展经验中得到了对中国农村信息化建设的相应启示。李瑾等(2012)认为三网融合为农村实现低成本信息化提供了可能。

本文拟根据 2011 年新推出的《国民经济行业分类》(GB/T 4754—2011)对各行业新的界定和《中国统计年鉴》的相关数据,估算中国 2006～2013 年的农业信息化水平,并利用灰色关联法研究影响农业信息化的因素,详细分析中国农业信息化水平较低的原因,探讨并提出提升中国农业信息化水平的对策与建议。

二、中国农业信息化水平的估算

(一)农业信息化水平测度方法选择

目前国际上流行的测度信息化水平的方法较多。马克卢普(2007)提出了马克卢普法;波拉特(1987)独创地提出与三次产业相分离的信息产业的概念,波拉特法开创了对信息经济进行定量描述的先例;小松崎清介(1994)提出测算社会信息化程度的信息化指数法;国际数据公司在 1996 年推出信息社会指数法(information society index,ISI)等(张文娟,2009)。我国相关的研究起步较晚,但发展较快。国信办在 1999 年 11

月 16 日发布《关于征求国家信息化指标体系构成方案修改意见的通知》，并于 2000 年 1 月 28 日对课题报告进行了审查验收，又经过多次的修改补充后最终形成了结合我国国情的国家信息化指标体系（付兵荣，2003）。由于波拉特的方法是将信息部门从国民经济各部门中一一甄别出来，通过信息活动的产量来衡量社会信息化水平，而我国的国民经济核算数据包含各个产业的数值，故在分产业对信息化水平进行测度时采用波拉特法可更精确地反映社会信息化程度。

（二）农业信息化水平的测度

波拉特将信息业引入社会的基本产业结构中，认为产业结构由农业、工业、服务业、信息业四个部分组成，然后逐一从国民经济的各个部门中对信息部门进行识别。信息部门又分为两个部分：那些直接向市场提供信息产品和服务的部门被界定为第一信息部门，它们构成信息市场的主体；那些虽然进行信息生产与服务但仅仅是为了政府或企业内部消费的部门则界定为第二信息部门（波拉特，1987）。本文通过对农业第一、第二信息部门的区分及产值估算，测度我国的农业信息化水平。

1. 农业第一信息部门产值测算

根据黄婷婷和李德华（2008）的研究，参考《国民经济行业分类》（GB/T 4754—2011）的分类和《中国统计年鉴》（中华人民共和国国家统计局，2014），本文将农林牧渔服务业，信息传输、计算机服务和软件业，科学研究、技术服务，教育，文化、艺术及广播电影电视业界定为我国农业第一信息部门。

在估算过程中，农林牧渔服务业的产值理应全部归入第一信息部门，但是《中国统计年鉴》在 2003 年以后的统计中不再将农林牧渔服务业的产值作为单独的一项给出，而是将其归入农业总产值中，故无法直接得到农林牧渔服务业的产值。由于在《中国统计年鉴》中 1997～2003 年农林牧渔服务业在第三产业增加值构成中的占比都是 0.8%，故本文采用该比例对 2006～2013 年的农林牧渔服务业产值进行估算。同时，其余几个行业的产值虽然可以直接从《中国统计年鉴》中获得，但是无法得到其为农业贡献的部分。参考黄婷婷和李德华（2008）、李德华（2009）等在进行统计时对数据进行的一些处理，本文将以上行业的总产值乘以一个相关系数后作为归入农业第一信息部门的部分，其中相关系数为该年农业总产值与当年国内生产总值（GDP）的比值。另外，由于《中国统计年鉴》中暂时没有 2013 年分行业产值的数据，本文根据 2012 年情况及 2013 年国内生产总值对其进行了推算。综上得到 2006～2013 年我国农业第一信息部门的产值，如

表1所示。

表1　农业第一信息部门的产值

年份	第一产业/亿元	农业产值占GDP比重/%	农林牧渔服务业产值/亿元	科教文艺等产值/亿元	科教文艺等产值为农业贡献部分/亿元	农业第一信息部门产值/亿元
2006	24 040	11.11	708.439 2	16 138	1 792.931 8	2 501.371 0
2007	28 627	10.77	890.815 2	19 471.4	2 097.069 78	2 987.885 0
2008	33 702	10.73	1 050.720 0	22 663	2 431.739 9	3 482.459 9
2009	35 226	10.33	1 184.304 0	25 598.3	2 644.304 39	3 828.608 39
2010	40 533.6	10.1	1 388.768 0	29 056.7	2 934.726 7	4 323.494 7
2011	47 486.2	10.04	1 641.640 0	34 182.6	3 431.933 04	5 073.573 04
2012	52 373.6	10.08	1 855.476 0	38 944.5	3 925.605 6	5 781.081 6
2013	56 957	10.01	2 097.630 4	42 646.134 77	4 268.878 09	6 366.508 49

注：科教文艺等产值指信息传输、软件和信息技术服务业，科学研究和技术服务业，教育，文化、艺术及广播电影电视业的产值之和；科教文艺等产值为农业贡献部分＝科教文艺等产值×农业产值占GDP比重；农业第一信息部门产值＝农林牧渔服务业产值＋科教文艺等产值为农业贡献部分

资料来源：2011～2014年的《中国统计年鉴》；国家统计局网站，http://www.stats.gov.cn/tjsj/ndsj/

2. 农业第二信息部门产值测算

波拉特提出以第二信息部门中信息劳动者收入和信息机器设备的折旧之和来近似构成第二信息部门的产值(波拉特，1987)，即第二信息部门增加值由第二信息部门中的信息劳动者收入和固定资产折旧组成，也就是第二信息部门的劳动者人数与人均工资和人均固定资产折旧和的乘积。王爽英(2008)，黄婷婷和李德华(2008)、李德华(2009)等均采用这种方法进行测算，故本文也采用该方法进行估算。

首先，对农业第二信息部门的信息劳动者收入进行估算。根据《职业分类与代码》(GB/T 6565—2009)确定信息职业，由于信息职业就业人数统计不完整，根据《中国2000年人口普查分县资料》(国务院人口普查办公室和国家统计局，2002)和《中国2010年人口普查分县资料》(国务院人口普查办公室和国家统计局，2012)可获得2000年和2010年各信息职业的就业人数，并由此可知2000～2010年国家机关、党群组织、企业、事业单位负责人，专业技术人员，办事人员和有关人员，商业、服务业人员，农、林、牧、渔、水利业生产人员，生产、运输设备操作人员及有关人员的年均增长率分别为1.29%，2.52%，4.09%，6.55%，－2.18%和4.28%，依照该增长率可估算

2006～2013 年各信息职业的就业人数，如表 2 所示。参考蔚海燕(2004)的文章，本文认为以上各信息职业归入农业第二信息部门的比例分别为 30％、50％、30％、10％、1％和 10％，从而可以估算农业第二信息相应部门的劳动者人数，如表 3 所示。根据《中国统计年鉴》可得 2006～2013 年各信息职业的平均工资，如表 4 所示。各信息职业的平均工资与该信息职业从业人员的乘积之和即为农业第二信息部门信息劳动者收入，如表 5 所示。

表 2　2006～2013 年各信息部门就业人数　　　　　　　　　单位：人

年份	国家机关、党群组织、企业、事业单位负责人	专业技术人员	办事人员和有关人员	商业、服务业人员	农、林、牧、渔、水利业生产人员	生产、运输设备操作人员及有关人员
2000	24 059	77 196	25 715	44 609	42 830 071	48 804
2006	25 986	89 617	32 713	65 269	37 514 649	62 739
2007	26 322	91 873	34 051	69 543	36 695 226	65 422
2008	26 662	94 186	35 445	74 097	35 893 702	68 218
2009	27 007	96 558	36 896	78 949	35 109 685	71 135
2010	27 356	98 989	38 406	84 119	34 342 793	74 176
2011	27 710	101 481	39 978	89 627	33 592 652	77 347
2012	28 068	104 036	41 614	95 497	32 858 897	80 654
2013	28 431	106 656	43 317	101 750	32 141 168	84 102

资料来源：《中国 2000 年人口普查分县资料》；《中国 2010 年人口普查分县资料》

表 3　2006～2013 年农业第二信息部门人数　　　　　　　　　单位：人

年份	国家机关、党群组织、企业、事业单位负责人	专业技术人员	办事人员和有关人员	商业、服务业人员	农、林、牧、渔、水利业生产人员	生产、运输设备操作人员及有关人员
2006	7 796	44 808	9 814	6 527	375 146	6 274
2007	7 897	45 937	10 215	6 954	366 952	6 542
2008	7 999	47 093	10 634	7 410	358 937	6 822
2009	8 102	48 279	11 069	7 895	351 097	7 113
2010	8 207	49 495	11 522	8 412	343 428	7 418
2011	8 313	50 741	11 993	8 963	335 927	7 735
2012	8 420	52 018	12 484	9 550	328 589	8 065
2013	8 529	53 328	12 995	10 175	321 412	8 410

注：归入第二信息部门人数＝就业者人数×归入第二信息部门比例

表 4　2006～2013 年农业第二信息部门平均工资　　　　　单位：元

年份	国家机关、党群组织、企业、事业单位负责人	专业技术人员	办事人员和有关人员	商业、服务业人员	农、林、牧、渔、水利业生产人员	生产、运输设备操作人员及有关人员
2006	22 546	31 644	23 590	24 510	9 269	18 225
2007	27 731	38 432	27 892	27 807	10 847	21 144
2008	32 296	45 512	32 185	32 915	12 560	24 404
2009	35 326	50 143	35 662	35 494	14 356	26 810
2010	38 242	56 376	40 232	39 566	16 717	30 916
2011	42 062	64 252	46 206	46 976	19 469	36 665
2012	46 074	69 254	52 564	53 162	22 687	41 650
2013	49 259	76 602	57 979	62 538	25 820	46 431

资料来源：2014 年《中国统计年鉴》

表 5　2006～2013 年农业第二信息部门劳动者收入

年份	国家机关、党群组织、企业、事业单位负责人/元	专业技术人员/元	办事人员和有关人员/元	商业、服务业人员/元	农、林、牧、渔、水利业生产人员/元	生产、运输设备操作人员及有关人员/元	农业第二信息部门信息劳动者收入/亿元
2006	175 768 616	1 417 904 352	231 512 260	159 976 770	3 477 228 274	114 343 650	55.767 339
2007	218 991 707	1 765 450 784	284 916 780	193 369 878	3 980 328 344	138 324 048	65.813 815
2008	258 335 704	2 143 296 616	342 255 290	243 900 150	4 508 248 720	166 484 088	76.625 206
2009	286 211 252	2 420 853 897	394 742 678	280 225 130	5 040 348 532	190 699 530	86.130 810
2010	313 852 094	2 790 330 120	463 553 104	332 829 192	5 741 085 876	229 334 888	98.709 853
2011	349 661 406	3 260 210 732	554 148 558	421 045 888	6 540 162 763	283 603 775	114.088 331
2012	387 943 080	3 602 454 572	656 208 976	507 697 100	7 454 698 643	335 907 250	129.449 096
2013	420 130 011	4 085 031 456	753 437 105	636 324 150	8 298 857 840	390 484 710	145.842 653

注：各信息部门劳动者收入＝该部门就业人数×该部门平均工资

　　其次，对农业第二信息部门的固定资产折旧进行估算。根据《中国统计年鉴》国民经济核算中的投入产出基本流量表可知，2005 年农、林、牧、渔业的固定资产折旧为 11 945 295 万元，2007 年为 14 297 448 万元，2010 年为 18 924 174 万元（中华人民共和国国家统计局，2014），2006 年、2008～2009 年、2011～2013 年的农、林、牧、渔业固定资产折旧没有记录，但可根据 2005～2007 年农业固定资产折旧年增长率（9.4％）和 2007～2010 年的农业固定资产折旧年增长率（9.8％），估算其他年份的农业固定资产折旧。同样由于统计数据不完整，根据《中国 2000 年人口普查分县资料》和《中国

2010 年人口普查分县资料》中 2000 年和 2010 年的农业人数（分别为 43 051 661 人和 34 584 219 人）和年增长率（－2.17％），可推算 2006～2013 年各年的农业人数，并由此估算农业第二信息部门的固定资产折旧，如表 6 所示。

表 6　2006～2013 年农业第二信息部门固定资产折旧

年份	农业固定资产折旧/万元	农业人数/人	农业人均固定资产折旧/元	农业第二信息部门人数/人	农业第二信息部门固定资产折旧/亿元
2006	13 068 153	37 750 503	3 461.716 258	450 365	15.590 358
2007	14 297 448	36 932 742	3 871.212 162	444 497	17.207 422
2008	15 698 598	36 132 695	4 344.707 197	438 895	19.068 703
2009	17 237 060	35 349 980	4 876.115 913	433 555	21.140 644
2010	18 924 174	34 584 219	5 471.910 180	428 482	23.446 150
2011	20 778 743	33 835 047	6 141.189 341	423 672	26.018 500
2012	22 815 060	33 102 103	6 892.329 469	419 126	28.887 545
2013	25 050 936	32 385 037	7 735.342 714	414 849	32.089 992

注：农业人均固定资产折旧＝农业固定资产折旧÷农业人数；农业第二信息部门固定资产折旧＝农业人均固定资产折旧×农业第二信息部门人数

资料来源：《中国统计年鉴》（2008 年、2010 年、2013 年）

最后，根据表 5 中的第二信息部门信息劳动者收入和表 6 中的第二信息部门固定资产折旧值，就可以估算农业第二信息部门的产值，如表 7 所示。

表 7　2006～2013 年农业第二信息部门产值　　　　　　　单位：亿元

年份	农业第二信息部门信息劳动者收入	农业第二信息部门固定资产折旧	农业第二信息部门产值
2006	55.767 339	15.590 358	71.357 698
2007	65.813 815	17.207 422	83.021 237
2008	76.625 206	19.068 703	95.693 908
2009	86.130 810	21.140 644	107.271 455
2010	98.709 853	23.446 150	122.156 003
2011	114.088 331	26.018 500	140.106 831
2012	129.449 096	28.887 545	158.336 641
2013	145.842 653	32.089 992	177.932 645

3. 农业信息化水平

根据波拉特法，农业信息化的水平可以用农业信息部门的产值占农业总产值的比重来衡量。根据 2006～2013 年我国农业第一信息部门（表 1）和第二信息部门的产值

(表 7),可获得我国农业信息部门的产值,如表 8 所示。

表 8 我国农业信息化水平

年份	农业第一信息部门产值/亿元	农业第二信息部门产值/亿元	农业信息部门产值/亿元	农业产值/亿元	农业第一信息部门产值占农业产值比重/%	农业第二信息部门产值占农业产值比重/%	农业信息部门产值占农业总产值比重/%
2006	2 501.371 0	71.357 698	2 572.728 698	24 040	10.41	0.30	10.70
2007	2 987.885 0	83.021 237	3 070.906 217	28 627	10.44	0.29	10.73
2008	3 482.459 9	95.693 908	3 578.153 808	33 702	10.33	0.28	10.62
2009	3 828.608 4	107.271 455	3 935.879 845	35 226	10.87	0.30	11.17
2010	4 323.494 7	122.156 003	4 445.650 703	40 533.6	10.67	0.30	10.97
2011	5 073.573 0	140.106 831	5 213.679 871	47 486.2	10.68	0.30	10.98
2012	5 781.081 6	158.336 641	5 939.418 241	52 373.6	11.04	0.30	11.34
2013	6 366.508 5	177.932 645	6 544.441 135	56 957	11.18	0.31	11.49

由表 8 可知,2006~2013 年我国农业信息部门的产值占农业产值的比重总体上是逐渐提高的,即我国的农业信息化水平不断提高,但是上升的幅度并不大,总体上农业信息化程度仍较低。从农业信息部门产值占比的构成上看,农业第一信息部门产值占农业产值的比重较大,农业第二信息部门产值占农业产值的比重很小。

三、影响我国农业信息化发展的因素

(一)关联度评价方法选择

通过关联度度量系统或因素之间关联性的大小,从而分析系统发展过程中因素间相对变化的情况,关联度的值越接近 1,说明因素间的相关性越高。灰色关联分析方法依据因素之间的发展趋势状况来描述它们间的关系。作为一种衡量因素间关联程度的分析方法,这种方法思路清晰,对数据的要求较低,工作量也较少,可以在很大程度上避免因为信息的不对称而带来的损失。

为进行关联度分析先要选定比较序列和参考数列。记参考序列为 X_0,记其第 k 个时刻的值为 $X_0(k)$,从而 X_0 可以表示为 $X_0 = \{X_0(1), X_0(2), \cdots, X_0(n)\}$。记比较序列为 X_1,X_2,$\cdots$,X_m,类似 X_0 的表示方法,有 $X_1 = \{X_1(1), X_1(2), \cdots, X_1(n)\}$,$\cdots$,$X_m = \{X_m(1), X_m(2), \cdots, X_m(n)\}$。

关联系数定义为

$$\eta_i(k)=\frac{\min\limits_i \min\limits_k |X_i(k)-X_0(k)|+\rho \max\limits_i \max\limits_k |X_i(k)-X_0(k)|}{|X_i(k)-X_0(k)|+\rho \max\limits_i \max\limits_k |X_i(k)-X_0(k)|} \tag{1}$$

其中，$i=1，2，\cdots，m$；$k=1，2，\cdots，n$；ρ 为分辨率，$0<\rho<1$，一般取 $\rho=0.5$。

在关联系数的计算之前一般要先对序列进行初始化，消除各个序列之间初值不同、单位不一的现象，求得各个关联系数之后，取平均值：

$$r_i=\frac{1}{n}\sum_{k=1}^{n}\eta_i(k) \tag{2}$$

其中，r_i 为比较序列 X_i 与参考序列 X_0 的关联度（徐国祥，2012）。

(二)因素选择和关联度估算

为了分析各因素对我国农业信息化水平的影响情况，现分别以我国农业产值和农业信息化水平为参考序列，选取农林牧渔服务业产值，信息传输、计算机服务和软件业，科学研究、技术服务，教育和文化、艺术及广播电影电视业五个比较序列进行关联度分析。各参考序列和比较序列的原始数据如表9所示。

表 9　参考序列和比较序列数据

年份	农业产值 X_{01}^0/亿元	农业信息化水平 X_{02}^0/%	农林牧渔服务业产值 X_1^0/亿元	信息传输、计算机服务和软件业产值 X_2^0/亿元	科学研究、技术服务产值 X_3^0 亿元	教育产值 X_4^0 亿元	文化、艺术及广播电影电视业产值 X_5^0 亿元
2006($k=1$)	24 040	10.70	708.439 2	5 683.5	2 684.8	6 407.0	1 362.7
2007($k=2$)	28 627	10.73	890.815 2	6 705.6	3 441.3	7 693.2	1 631.3
2008($k=3$)	33 702	10.62	1 050.720 0	7 859.7	3 993.4	8 887.5	1 922.4
2009($k=4$)	35 226	11.17	1 184.304 0	8 163.8	4 721.7	10 481.8	2 231.0
2010($k=5$)	40 533.6	10.97	1 388.768 0	8 881.9	5 636.9	12 042.1	2 495.8
2011($k=6$)	47 486.2	10.98	1 641.640 0	9 780.3	6 965.8	14 429.4	3 007.1
2012($k=7$)	52 373.6	11.34	1 855.476 0	10 974.1	8 241.1	16 282.7	3 446.6
2013($k=8$)	56 957	11.49	2 097.630 4	12 017.2	9 024.4	17 830.4	3 774.2

资料来源：2011～2014 年《中国统计年鉴》；国家统计局网站，http://www.stats.gov.cn/tjsj/ndsj/

首先，对表9中的数据进行初始化，本文采用初值化方法，即位于同一序列的数据均用第一个数据来除，初值化的结果如表10所示。

表 10　初值化后的参考序列和比较序列

年份	X_{01}^1	X_{02}^1	X_1^1	X_2^1	X_3^1	X_4^1	X_5^1
2006($k=1$)	1	1	1	1	1	1	1
2007($k=2$)	1.190 8	1.002 8	1.257 4	1.179 8	1.281 8	1.200 7	1.197 1
2008($k=3$)	1.401 9	0.992 5	1.483 1	1.382 9	1.487 4	1.387 2	1.410 7
2009($k=4$)	1.465 3	1.043 9	1.671 7	1.436 4	1.758 7	1.636 0	1.637 2
2010($k=5$)	1.686 1	1.025 2	1.960 3	1.562 8	2.099 6	1.879 5	1.831 5
2011($k=6$)	1.975 3	1.026 2	2.317 3	1.720 8	2.594 5	2.252 1	2.206 7
2012($k=7$)	2.178 6	1.059 8	2.619 1	1.930 9	3.069 5	2.541 4	2.529 2
2013($k=8$)	2.369 3	1.073 8	2.960 9	2.114 4	3.361 3	2.783 0	2.769 6

注：$X_i^1(k)=X_i^0(k)/X_i^0(1)$，其中 $i=01,02,1,2,3,4,5$；$k=1,\cdots,8$

其次，分别计算初始化后得到的新的比较序列 X_1^1、X_2^1、X_3^1、X_4^1、X_5^1 分别和新的参考序列 X_{01}^1、X_{02}^1 的关联系数。根据式(1)，得到各比较序列与参考序列 X_{01}^1 的关联系数如表 11 所示，与参考序列 X_{02}^1 的关联系数如表 12 所示。

表 11　比较序列与参考序列 X_{01}^1 的关联系数表

k	$\eta_{11}(k)$	$\eta_{12}(k)$	$\eta_{13}(k)$	$\eta_{14}(k)$	$\eta_{15}(k)$
$k=1$	1	1	1	1	1
$k=2$	0.881 6	0.978 4	0.845 0	0.980 3	0.987 5
$k=3$	0.859 3	0.963 1	0.853 0	0.971 1	0.982 5
$k=4$	0.706 1	0.944 9	0.628 3	0.744 0	0.742 6
$k=5$	0.644 0	0.800 9	0.545 4	0.719 4	0.773 3
$k=6$	0.591 9	0.660 9	0.444 8	0.641 8	0.681 9
$k=7$	0.529 6	0.666 9	0.357 6	0.577 6	0.585 8
$k=8$	0.456 0	0.660 6	0.333 3	0.545 2	0.553 3

注：$\eta_{1i}(k)=\dfrac{\min\limits_i\min\limits_k|X_i^1(k)-X_{01}^1(k)|+\rho\max\limits_i\max\limits_k|X_i^1(k)-X_{01}^1(k)|}{|X_i^1(k)-X_{01}^1(k)|+\rho\max\limits_i\max\limits_k|X_i^1(k)-X_{01}^1(k)|}$，$i=1,\cdots,5$；$k=1,\cdots,8$；

$\min\limits_i\min\limits_k|X_i^1(k)-X_{01}^1(k)|=0$；$\max\limits_i\max\limits_k|X_i^1(k)-X_{01}^1(k)|=0.992\ 0$；$\rho=0.5$

表 12　比较序列与参考序列 X_{02}^1 的关联系数表

k	$\eta_{21}(k)$	$\eta_{22}(k)$	$\eta_{23}(k)$	$\eta_{24}(k)$	$\eta_{25}(k)$
$k=1$	1	1	1	1	1
$k=2$	0.817 9	0.866 0	0.803 9	0.852 5	0.854 8
$k=3$	0.699 8	0.745 5	0.698 0	0.743 5	0.732 3
$k=4$	0.645 6	0.744 5	0.615 4	0.658 9	0.658 5
$k=5$	0.550 2	0.680 3	0.515 6	0.572 4	0.586 5
$k=6$	0.469 7	0.622 1	0.421 7	0.482 7	0.492 1

k	$\eta_{21}(k)$	$\eta_{22}(k)$	$\eta_{23}(k)$	$\eta_{24}(k)$	$\eta_{25}(k)$
$k=7$	0.423 1	0.567 7	0.362 7	0.435 7	0.437 7
$k=8$	0.377 4	0.523 6	0.333 3	0.400 9	0.402 8

注：$\eta_{2i}(k)=\dfrac{\min\limits_{i}\min\limits_{k}|X_i^1(k)-X_{02}^1(k)|+\rho\max\limits_{i}\max\limits_{k}|X_i^1(k)-X_{02}^1(k)|}{|X_i^1(k)-X_{02}^1(k)|+\rho\max\limits_{i}\max\limits_{k}|X_i^1(k)-X_{02}^1(k)|}$，$i=1,\cdots,5$；$k=1,\cdots,8$；

$\min\limits_{i}\min\limits_{k}|X_i^1(k)-X_{02}^1(k)|=0$；$\max\limits_{i}\max\limits_{k}|X_i^1(k)-X_{02}^1(k)|=2.287\,4$；$\rho=0.5$

最后，测算关联度。根据式(2)，结合表 11 和表 12 的数据计算各比较序列分别和参考序列 X_{01}^1、X_{02}^1 的关联度，结果如表 13 所示。

表 13　各比较序列分别和参考序列 X_{01}^1、X_{02}^1 的关联度

关联度	r_1	r_2	r_3	r_4	r_5
与 X_{01}^1 关联度	0.708 6	0.834 5	0.625 9	0.772 4	0.788 4
与 X_{02}^1 关联度	0.623 0	0.718 7	0.593 8	0.643 3	0.645 6

注：各比较序列与 X_{01}^1 的关联度 r_i 为 $r_i=\dfrac{1}{8}\sum\limits_{k=1}^{8}\eta_{1i}(k)$，$i=1,\cdots,5$；各比较序列与 X_{02}^1 的关联度 r_i 为 $r_i=\dfrac{1}{8}\sum\limits_{k=1}^{8}\eta_{2i}(k)$；$i=1,\cdots,5$

由表 13 可知，五个因素与农业产值的关联度分别为 0.708 6，0.834 5，0.625 9，0.772 4 和 0.788 4，说明与农业产值关联度最大的因素是信息传输、计算机服务和软件业，其次为文化、艺术及广播电影电视业，再次是教育，农林牧渔服务业，最小的是科学研究、技术服务。五个因素与农业信息化的关联度分别为 0.623 0，0.718 7，0.593 8，0.643 3 和 0.645 6，这和它们对农业产值的关联度结构是类似的，影响效果的大小顺序也基本一致。观察表 13 还可以发现，第一行的关联度均大于第二行相同位置的关联度，即五个因素与农业信息化水平的关联度均小于它们与农业产值的关联度，也就是说五个因素对农业信息化的贡献小于它们对农业产值的贡献。

（三）实证结论与分析

由实证分析可知，与农业信息化关联度由高到低的因素分别为信息传输、计算机服务和软件业，文化、艺术及广播电影电视业，教育，农林牧渔服务业，科学研究、技术服务。根据关联度的大小，可以把农业信息化低水平的主要原因归纳为三个方面。

一是我国农业信息网络建设欠发达。截至 2012 年 12 月 20 日，全年新开通宽带的

行政村数量为 19 300 个,我国行政村通宽带比重达到 87.9%,互联网在农村的普及速度不断加快,我国农村网民数量在 2013 年 12 月达到约 1.77 亿人,增长率为 13.5%,我国网民中农村人口占比为 28.6%,农村互联网 27.5% 的普及率与城镇 62% 的普及率相差 34.5%(李道亮,2015)。相比之下,美国早在 1997 年就有 40% 的农场拥有计算机,47% 的农场主能够使用互联网(赵元凤,2002)。日本早在 1994 年年底就有 400 多个农业网络,农业生产部门的计算机普及率高达 93%(杨艺,2005)。2000~2011 年我国涉农网站的站点数目从 2000 年的 2 200 个上升到 2012 年的近 6 万个;截至 2013 年,各种农业信息服务网站中,科研教育类、政府部门类、企业公司类的占比分别为 2.6%、11.0% 和 82.6%,全国农业网站每天的独立访客为 342 626 人,页面浏览次数为 1 206 324 次(李道亮,2015)。我国的农业信息网络建设取得了相当显著的成就,但也存在不容忽视的问题。我国是一个农业大国,相对于庞大的农民数量,我国农业类网站的绝对数量严重不足,现存的农业网站数量仅仅占全国总体网站数量的 3.8%,农业网站的数量无法满足我国农业和农村经济发展的需要。另外规模大、质量好的网站不多,各个网站之间没有较好的关联性,信息重复率高。东西部地区的农业信息网络建设不平衡,站点主要集中在东部经济发达地区,中西部和经济欠发达地区农业类网站占全国网站总数的比例为不到 3 成(梁春阳,2011)。

二是农业信息化人才的缺乏。农业信息化的发展对人才有颇高的要求,在懂得现代信息技术和现代化农业技术的同时,农业信息人才还需要掌握农业经济的运行规律,有经营现代信息产业的能力,即信息化建设需要的是一种高级的复合型人才(郑红维,2001)。当前,我国农业信息化人才正面临着“量”和“质”的双重考验。到 2013 年年底,我们国家有 39% 的乡镇已经建立了信息服务站,建立信息服务点的行政村的比例达 22%,全国有超过 18 万人的专兼职信息员;就浙江省来说,县级以上农业信息工作机构有 100 个,包含 1 487 名信息员,村(社区)级农业信息站点的数量为 29 436 个,共有 29 686 名农业信息员(李道亮,2015)。然而考虑到我国的实际情况就会发现,从事农业信息化工作的人员数量远远不足以支持我国的农业信息化发展。农民的文化水平普遍偏低,但是农村中高素质、高文化的人才还在大量外流,报考学习农业相关专业的人员也十分有限,农业信息化人才的数量存在严重的缺口。农业信息化人才从“质”的层面来讲也比较薄弱。我国农业信息工作人员出自农业信息专业的人少之又少,大部分人都来自农业科学、计算机信息、情报学和经济管理等专业,缺少专业对口的农业信息技术人才。

三是由于我国大多数农民受教育程度较低,利用信息的意识和能力相对较弱。同时,农民与城镇人口的收入差距较大,2014 年全国居民人均消费支出为 14 491 元,这一数字超过了农村居民的可支配收入(2014 年为 10 489 元)。大多数农民在用有限的收入维持日常支出外没有购买计算机和上网的能力，因而也就难以接触到互联网上丰富的信息资源。

四、结论与建议

（1）实证分析表明，2006～2013年我国农业信息化水平总体上是逐渐提高的，但是上升幅度不大，农业信息化程度偏低。其中农业第一信息部门产值占农业产值的比重较大，农业第二信息部门所占的比重较小。

（2）灰色关联度分析表明，选取的五个因素中与农业产值和农业信息化水平关联度最大的为信息传输、计算机服务和软件业，其次为文化、艺术及广播电影电视业，再次是教育，农林牧渔服务业，影响最小的是科学研究、技术服务。它们不仅与农业产值和农业信息化的关联度大小结构是类似的，而且其影响效果的大小顺序也一致。比较发现，选取的五个信息因素与农业信息化水平的关联度小于它们与农业产值的关联度，表明尚需进一步加强信息因素的利用以提升农业信息化水平。

（3）为推进农业信息化水平的提高要采取相应的政策措施。一是加强对农业信息化作用的宣传力度，提高全社会对农业信息化的认识水平；二是加强农业信息化基础设施的建设，通过建立数据库与搜索引擎，使农业信息资源得到充分的开发和利用，通过构造地区之间信息资源共享平台，减少区域发展不平衡对农业信息资源获取的影响；三是充分发挥政府的主导作用，加大资金投入，重视法制建设，为农业信息化建设提供强有力的物质基础和制度保障；四是加强农业信息人才队伍的建设，积极吸收发达国家的先进经验，充分重视农业信息化专业人才的培养和引进。借助电视、网络、广播等多种形式对农业信息化服务对象进行教育和培训，不断增强农民的信息意识和利用信息的能力，使之适应农业信息化的发展趋势。

参 考 文 献

波拉特 M U. 1987. 信息经济[M]. 袁君时，等译. 北京：中国展望出版社.

付兵荣. 2003. 信息化测度理论研究综述[J]. 孙耀君译. 图书情报工作，(3)：49.

国务院人口普查办公室，国家统计局. 2002. 中国 2000 年人口普查资料[M]. 北京：中国统计出版社.

国务院人口普查办公室，国家统计局. 2012. 中国 2010 年人口普查资料[M]. 北京：中国统计出版社.

黄婷婷，李德华.2008. 我国农业信息化水平的测度及影响因素分析[J]. 情报科学，(4)：565-571.

李道亮.2015. 中国农村信息化发展报告(2013)[M]. 北京：电子工业出版社.

李德华.2009. 我国农业信息化水平的实证研究[J]. 情报理论与实践，32(1)：48-50.

李瑾，赵春江，张正.2012. 三网融合与农村信息化：机遇、困境及路径选择[J]. 农业经济问题，(10)：105-109.

梁春阳.2011. 西部民族地区农业信息化绩效存在的问题及原因分析[J]. 图书情报工作，55(16)：42-45.

刘英爱，杨江文，冯帆.2007. 农业信息化水平的测度[J]. 中国统计，(2)：19-20.

吕斌，李国秋.2007. 我国信息化测度研究的进展与问题[J]. 图书情报工作，51(9)：66-70.

马克卢普 F.2007. 美国的知识生产与分配[M]. 孙耀君译. 北京：中国人民大学出版社.

汤坚玉，王磊.2006. 三种社会信息化测度方法的比较研究[J]. 情报杂志，25(6)：65-67.

王爽英.2008. 我国农业信息化水平的测算研究[J]. 情报杂志，(3)：8-10.

汪卫霞.2011. 农业信息化：中国农业经济增长的新动力[J]. 学术月刊，43(5)：78-86.

王喜和.2008. 四种社会信息化测度方法比较评析[J]. 图书馆学研究，(3)：12-14.

蔚海燕.2004. 我国农业信息化水平的测度及分析[J]. 晋图学刊，(1)：24-28.

小松崎清介.1994. 信息化与经济发展[M]. 李京文，等译. 北京：社会科学文献出版社.

徐国祥.2012. 统计预测和决策[M]. 上海：上海财经大学出版社.

杨诚.2010. 我国农村信息化水平与发展探讨——基于第二次全国农业普查数据的分析[J]. 图书与情报，(1)：85-88，147.

杨艺.2005. 浅谈日本农业信息化的发展及启示[J]. 现代日本经济，(6)：60-62.

叶华.2012. 浙江省农村信息化水平的比较分析[J]. 图书馆理论与实践，(7)：36-38.

张文娟.2009. 中外社会信息化测度方法研究[J]. 情报科学，27(6)：953-956.

赵元凤.2002. 发达国家农业信息化的特点[J]. 中国农村经济，(7)：74-78.

郑红维.2001. 关于农业信息化问题的思考[J]. 中国农村经济，(12)：27-31.

郑亚琴.2008. 中印农村信息化现状及印度模式的启示[J]. 中国科技论坛，(1)：84.

中华人民共和国国家统计局.2014. 中国统计年鉴2014[M]. 北京：中国农业出版社.

Ballantyne P. 2009. Accessing, sharing and communicating agricultural information for development：emerging trends and issues[J]. Information Development，(25)：260-271.

Moon J, Hossain M D, Kang H G, et al. 2012. An analysis of agricultural informatization in Korea：the government's role in bridging the digital gap[J]. Information Development，(2)：102-116.

Rehman F, Muhammad S, Ashraf I, et al. 2013. Effect of farmer's socioeconomic characteristics on access to agricultural information：empirical evidence from pakistan[J]. Journal of Animal and Plant Sciences，(23)：324-329.

浙江省现代服务业集聚效应与经济互动机理研究[*]

陈月艳　岑　敏

（杭州电子科技大学浙江省信息化与经济社会发展研究中心，浙江，杭州，310018）

摘　要　伴随整体经济增长率不断下降的趋势，浙江省服务业产值仍旧保持不低于10%[①]的增长趋势。其中，信息传输、软件和信息技术服务业，金融业，房地产业，文化、体育和娱乐业在2004～2012年，年平均增长率不低于16%，表现不菲。因此伴随信息科技的发展，以信息技术为支撑的浙江省现代服务业成为经济发展中一支突出的力量。本文将从集聚的视角深入分析浙江省现代服务业，并研究现代服务业集聚对浙江省经济发展的影响效应，从而更深层的理解和认识现代服务业。

关键词　现代服务业；集聚效应；区位熵

中图分类号：F49　　文献标识码：A

一、背　景

（一）现代服务业

现代服务业这一概念在国外并没有明确使用，其是由我国商业发展结合我国国情特

　　* [基金项目]：本文受浙江省统计局、教育部人文社会科学研究一般项目(项目编号：11YJC 630029)的资助。
　　[作者简介]：陈月艳，女，杭州电子科技大学浙江省信息化与经济社会发展研究中心，副教授，硕士；岑敏，女，杭州电子科技大学管理学院，硕士生；Email：lizziecen@foxmail.com，联系电话：15900448247，通信地址：浙江省杭州市江干区下沙高教园区杭州电子科技大学管理学院，邮政编码：310018。
　　① 数据来源：根据《浙江统计年鉴1984～2014》相关数据计算得到。

色发展出来的。目前学术界关于现代服务业的准确概念和范围没有取得一致认识。一类观点(刘志彪,2006)认为,现代服务业是由传统制造业的部分缓解分化形成的,是伴随现代化科学技术发展起来的。另一类观点认为,考虑到我国经济发展的实际情况,现代服务业主要是指那些在改革开放后发展起来的服务业(朱春明,2004)。此外,还有一种观点认为,现代服务业主要是指科技和技术含量比较高的服务业(晁钢令,2004)。一般来说,现代服务业包括为现代生活提供生产型服务的生产者服务业,也包含一些新型的满足个人更高精神需求的现代消费性服务行业,以及一部分被新技术、新经营方式改造过的传统服务行业(刘成林,2007)。由于国外学者没有进行过相关分类,本文参考国家统计局《三次产业划分规定》及国内学者汤丹花(2006)和任英华(2010)等学者的观点将现代服务业设定为:交通运输、仓储和邮政业,信息传输、软件和信息技术服务业,金融业,房地产业,租赁和商务服务业,科学研究和技术服务业,水利、环境和公共设施管理业,教育,卫生和社会工作,文化、体育和娱乐业10个行业。

(二)集聚理论

关于集聚理论其最早产生于传统产业,服务业集聚的早期研究可以追溯到城市空间结构的社会属性研究,即美国城市地理学家 E. W. Burgess 提出的同心圆理论(叶锦远,1985)。他认为城市空间结构由内向外依次为:中心商务区、过渡地带、工人住宅带、良好住宅带和通勤带。该理论是从经验观察中得出的,基本符合单中心城市的模式。相对来说传统产业集聚理论认为,产业聚集的根本动因是获得外部经济。

随着时间的推移,人们对集聚的理解逐渐加深。马歇尔(程肖芬,2011)、克鲁格曼(Venables,1996)、韦伯(1997)等从集聚形成的原因角度对产业集聚进行了研究。马歇尔认为产业聚集是外部规模经济所致(程肖芬,2011)。克鲁格曼在新经济地理学中提出中心外围模型,证明产业聚集是由规模报酬递增、运输成本和生产要素移动通过市场传导的相互作用产生的(Venables,1996)。

同时,马歇尔(Marshall,1890)、Storper 和 Venables(2004)、熊彼特(1990)也从集聚的效应方面给出产业集聚的一些分析。马歇尔认为产业集聚的优势有三个方面:有利于本地熟练劳动力市场的形成;促进中间投入和相应服务业、辅助产业的发展;使公司从技术外溢中获益(晁钢令,2004)。Storper 和 Venables(2004)的研究亦表明,产业集聚可以提供便利的面对面的交流机会,促进知识溢出。熊彼特的创新产业集聚理论认为产业集聚能够推进企业创新,而且企业间的相互合作和竞争也能够有效地促进企业创新,企业集聚是创新能够更好实现的途径之一,同时创新具有随机性,由于存在其他企业的模仿和学习，一个企业的创新会带动其周围企业的发展，使创新成簇地发生，集中在一些小部门而不是均匀分布（丘成利，2001）。

在我国，一些学者在研究和分析问题过程中创新和发展了集聚效应理论，其中刘祖含（2013）认为区域产业的发展是一个由外在关联到内在关联、由低级到高级的成长过程，创造性地将产业集聚的过程分为集中、集聚和集群三个层次。刘军和徐康宁（2010）通过计量模型引入人力资本水平、资本投入、对外开放制度和基础设施等变量分析得出，产业集聚对工业化的产业结构、就业结构和城市化水平有正向影响，同时针对地区差异，提出集聚程度越高，其对工业化进程的促进作用越大，区域间的工业化水平差距也将不断扩大。

（三）现代服务业集聚理论的研究

当现代服务业概念产生的时候，我国学者在理论和技术应用上又对集聚理论进行了创新。由于现代服务业的概念是由中国特色国情发展起来的，那么对于现代服务业的集聚研究则主要是由国内学者进行。国内学者任英华和游万海（2011）在《现代服务业集聚形成机理空间计量分析》中定义现代服务业集聚是指相互关联（互补、竞争）的服务企业与机构在一定区域内集聚，形成上中下游结构完整、充满创新活力的有机体系。蒋三庚（2008）在《现代服务业集聚若干理论问题研究》中阐述了伴随现代服务业集聚产生的经济和不经济，认为经济效应有劳动力市场经济、信息经济、关联效应、交易成本减少以及规模经济，不经济效应包括交通拥挤、生产要素成本上升、负外部性和安全风险。同时在梁曦（2014）、杨向阳和童馨乐（2009），钱昇和梁东（2014）等的研究中分别运用了区位熵（location quotient，LQ）、空间基尼系数、回归分析、固定效应模型、主成分分析法等概念和方法对现代服务业集聚进行了测度和评价。综上所述，诸多学者已经对现代服务业集聚现象做出整体评述和初步的实证分析。

二、数据说明和研究方法介绍

（一）数据采集和来源

本文数据来自历年《浙江统计年鉴》、《中国城市统计年鉴》和浙江十一个城市统计信息网。本文对浙江省现代服务业集聚效应的测算定义选取的十大行业如下：交通运输、仓储和邮政业、信息传输、软件和信息技术服务业，金融业，房地产业，租赁和商务服务业，科学研究和技术服务业，水利、环境和公共设施管理业，教育，卫生和社会工作，文化、体育和娱乐业。鉴于分行业数据的可得性本文选取浙江省2006～2013年8年的行业时间序列数据进行整体空间基尼系数和区位熵测算。同时在进一步测算地区现代服务业分行业区位熵的条件下，选取浙江省十一个市区2006～2013年分行业统计数据，测算其行业区位熵与对应年份和地区生产总值的增长关系，以此来估计现代服务业分行业集聚程度与浙江省经济增长的关系。

(二)研究方法介绍

测算产业集聚的方法如前文所述，包括空间基尼系数、区位熵、主成分分析法、固定效应模型等。由于空间基尼系数常作为衡量产业空间均衡的指标，并且在是洛伦兹曲线上得到的，其经济学原理依据充分并且应用较多，所以本文优先选取空间基尼系数这一测算方法。同时对于区位熵而言，其是分析区域内行业的集聚倾向，是行业的效率与效益分析的定量工具，用来衡量某一产业在某一地区的相对集中程度(齐颖超，2008)，对于本文现代服务业集聚有很好的解释作用，并为下文回归分析打好基础。最后本文采用多元回归分析方法测算多个(两个或两个以上)变量与一个因变量的数量变化关系，并分析多个解释变量是如何影响被解释变量的，因此与本文研究的方向一致。下面对本文应用的各个方法进行具体介绍。

空间基尼系数原是由克鲁格曼等在研究美国制造业集聚程度时定义的，之后众多学者都将其运用到测算各行业的区域集聚程度中(樊秀峰和康晓琴，2013)。计算公式为

$$G = \sum_i (S_i - X_i)^2 \tag{1}$$

其中，G 为空间基尼系数；S_i 表示 i 市现代服务业某行业就业人数占浙江省该行业就业人数的比重；X_i 表示该市就业人数占浙江省就业人数的比重。空间基尼系数表示某产业空间分布的均匀程度，G 值在0到1之间，G 值越趋向于0表示该产业空间分布越均匀，G 值越趋向于1表示该产业空间分布越集聚。虽然空间基尼系数是衡量某个产业在该地区的集聚程度，但由于它没有考虑一定地区企业规模大小不同而形成的差异，因此具有一定的局限性。

本文运用的第二个方法是区位熵。其由哈盖特(Haggett)首先提出并应用于区位分

析之中，又称专门化率，是区域经济学中衡量经济发展集中度的一种分析工具（卞士郭，2010）。具体计算公式为

$$LQ_{ij} = \frac{e_{ij}/e}{E_{ij}/E} \qquad (2)$$

其中，LQ_{ij} 为省（地区）某行业某年区位熵；e_{ij} 为省（地区）某行业某年产值；e 为省（地区）总产值；E_{ij} 为全国（省）该行业总产值；E 为全国（省）总产值。区位熵测算一般指标包括收入、总产值、总就业人数等，本文则选取比较具有代表性的总产值作为测算指标。区位熵指数可以很好地测度某地区某产业的集聚程度，最终测算结果以 LQ_{ij} 的大小来评价，其越接近 1 则说明行业发展集聚效果越好，当 LQ_{ij} 值大于 1 时则说明该行业在该地区有较高的集聚效应。

最后本文综合考虑第一、二产业对总产值的影响，根据经济学模型，运用回归分析，有联合浙江省各地区总产值和地区行业区位熵估计回归模型一：

$$\ln P = \beta_1 \ln T_1 + \beta_2 \ln T_2^2 + \beta_{2+i} \sum_{i}^{n} Q_i + \varepsilon$$

和参照回归模型二：

$$\ln P = \beta_1 Q_1 + \beta_2 Q_2 + \cdots + \beta_{10} Q_{10} + \varepsilon$$

估计回归模型一和参照回归模型二，测算浙江省现代服务业集聚和经济发展的关系，以此给出浙江省现代服务业集聚发展的综合评价并为以后学者测算某具体现代服务业集聚发展和经济水平关系测算做出铺垫。其中，P 为浙江省各个城市不同年份总产值；T_1 和 T_2 分别为第一和第二产业不同城市不同年份产值；Q_i 为不同地区不同年份的分行业区位熵；i 的取值为 1 到 10，代表现代服务业；β 为回归系数；ε 为回归分析常数项，通过对比观察 β 值来解释模型的意义。

（三）思路流程图

本文思路流程图如图 1 所示。

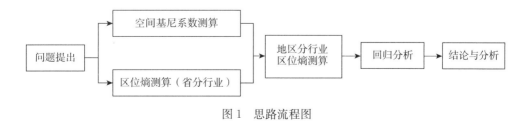

图 1　思路流程图

三、实证结果分析

(一)空间基尼系数

本文通过空间基尼系数公式，选取就业人数为测算指标，将浙江省相关数据代入式(1)计算加总得到浙江省现代服务业空间基尼系数测算值及其折线图，如表1和图2所示。

表1 浙江省现代服务业空间基尼系数测算值

行业	2006年	2007年	2008年	2009年	2010年	2011年	2012年	2013年
交通运输、仓储和邮政业	0.023 9	0.017 5	0.015 9	0.014 8	0.015 8	0.015 8	0.014 3	0.017 3
信息传输、软件和信息技术服务业	0.038 4	0.112 5	0.112 2	0.110 1	0.121 6	0.127 3	0.131 3	0.147 4
金融业	0.006 0	0.006 2	0.007 9	0.006 6	0.007 1	0.007 0	0.006 5	0.007 8
房地产业	0.017 2	0.020 1	0.021 9	0.023 6	0.041 9	0.037 0	0.044 6	0.055 6
租赁和商务服务业	0.044 5	0.046 9	0.035 6	0.027 1	0.021 7	0.018 3	0.019 3	0.025 5
科学研究和技术服务业	0.059 3	0.067 7	0.070 0	0.073 9	0.137 8	0.129 4	0.124 1	0.090 4
水利、环境和公共设施管理业	0.016 7	0.017 3	0.017 6	0.017 5	0.033 9	0.028 2	0.022 7	0.008 6
教育	0.004 4	0.005 0	0.005 6	0.006 0	0.006 3	0.007 9	0.005 4	0.006 4
卫生和社会工作	0.005 3	0.004 8	0.004 5	0.004 4	0.004 6	0.005 2	0.004 3	0.004 9
文化、体育和娱乐业	0.027 2	0.024 4	0.017 4	0.015 4	0.010 2	0.010 4	0.014 8	0.011 0

资料来源:《中国城市年鉴2006～2013》

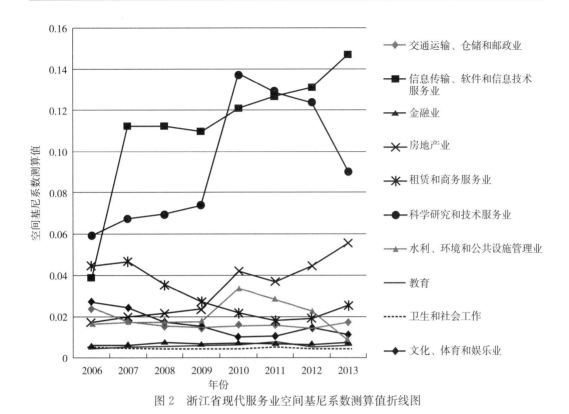

图 2　浙江省现代服务业空间基尼系数测算值折线图

　　总体来看，表 1 显示测算得到的空间基尼系数普遍较低，G 的取值范围为[0，1]，测量值越接近 1 说明行业集聚效应越高，但是浙江省现代服务业各行业多数测量值维持在小数点后第二位，排除统计数据的误差，一方面可以理解为浙江省现代服务业集聚效应还不够明显，另一方面不排除浙江省现代服务业总体对基于就业人数的空间基尼系数略显不敏感，要考虑部分行业低就业人数高产出的情况，因为在现代服务业里更多的是信息化、智能化、高端化行业，所以部分行业反应不明显；图 2 则显示，大部分行业集聚效应呈波浪式上升趋势，这表明浙江省现代服务业各行业集聚效应在逐渐加强。

　　从分行业和阶段来看，图 2 可以观测到现代服务业中信息传输、软件和信息技术服务业及科学研究和技术服务业的空间基尼系数相对而言始终保持在较高水平，这主要是由于近年来科技与经济的飞速发展，以高新技术为支撑的服务业发展迅速，成为带动经济发展的主要动力之一。特别是浙江省以现代信息物流、现代电子商务为中心的现代服务业的发展更成为"互联网＋"效应下飞速发展的产业经济体。当然本文的不足之处就是并没有单独将电子商务及以此为服务中心的行业细分出来而是根据国家分类标准将这些行业产值归入交通运输、仓储和邮政业，信息传输、软件和信息技术服务业等行业;而金融业、教育及卫生和社会工作则是上文提到的对就业人数集聚相对不够敏感的行业,在图2中表现为相对低水平的折线;其中各行业在2008～2010年波动较大,后逐渐表现为上升趋势,这和当时的经济危机背景吻合。

(二)区位熵

根据式(2)将浙江省各行业现代服务业和全国数据代入,计算得到浙江省现代服务业区位熵测算值及其折线图,如表2和图3。

表2　浙江省现代服务业区位熵测算值

行业	2006年	2007年	2008年	2009年	2010年	2011年	2012年
交通运输、仓储和邮政业	0.7114	0.7195	0.7588	0.7859	0.8115	0.7800	0.7753
信息传输、软件和信息技术服务业	0.9091	0.9817	0.9035	0.9345	0.9653	1.1208	1.2514
金融业	1.4359	1.2929	1.6380	1.5824	1.5991	1.5860	1.4376
房地产业	1.0696	1.0335	1.0510	1.0449	1.0242	0.9078	0.9816
租赁和商务服务业	0.9889	0.9702	0.8894	0.8726	0.8355	0.8868	0.9071
科学研究和技术服务业	0.7404	0.7191	0.6742	0.5801	0.6008	0.6027	0.6261
水利、环境和公共设施管理业	0.9817	1.0039	0.8988	0.8762	0.9099	0.9842	1.0044
教育	0.9916	0.9822	0.8675	0.8566	0.8333	0.7783	0.8058
卫生和社会工作	0.9814	0.9748	0.9358	0.9817	0.9619	0.9537	0.9810
文化、体育和娱乐业	0.7855	0.8019	0.9344	0.9161	0.9760	1.0538	1.1023

资料来源:《浙江统计年鉴2006～2012》和《中国统计年鉴2006～2012》

总体来看,基于生产总值计算的区位熵总体表现较高,基本上分布在0.6以上,这说明基于生产总值计算的集聚效应表现较为敏感;图3显示大部分行业区位熵呈波浪式上升趋势,这与上文测算的空间基尼系数测算值折线图的上升趋势吻合,说明基于劳动力集中和资源共享的现代服务业集聚也是其发展的一种趋势。

分行业来看,图3显示金融业和信息传输、软件和信息技术服务业保持在较高水平上,特别是金融业区位熵保持在1.5的水平上上下浮动,说明浙江省金融业在全国范围内集聚效应明显,与图2的空间基尼系数比较来看也说明该行业集聚效应不宜用基于就业人数空间基尼系数来表示。而信息传输、软件和信息技术服务业的区位熵则

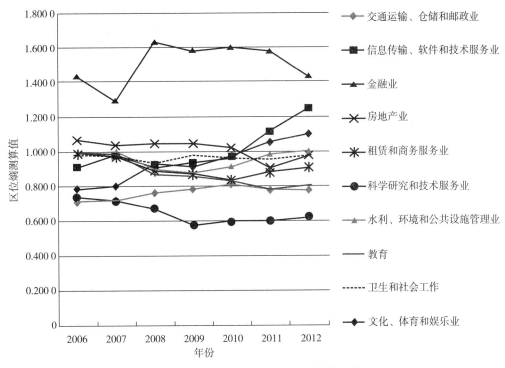

图 3 浙江省现代服务业区位熵测算值折线图

在 2008 年之后保持较高的增长率。同时，2010 年后金融业，房地产业，信息传输、软件和信息技术服务业，水利、环境和公共设施管理业等行业区位熵保持在 1 上下。图 3 显示 2008 年后金融业区位熵有一定的下滑，其他多数行业都保持上升趋势。

(三)现代服务业区位熵与地区经济增长回归分析

根据上文中估计回归模型一和参照回归模型二，通过 SPSS 软件对地区行业数据进行面板数据分析，其中有部分城市和年限数据缺失，但由于做面板数据分析，可以忽略这些缺失项，因此，不影响结果。

1. 模型对比

根据表 3 可以看到，估计回归模型一中十二个自变量与因变量的多元相关决定系数 R^2 为 0.999，且模型估计偏斜度错误非常低，为 0.025 7，因此该模型对地区总产值的解释度非常好，也就是说该模型中的十二个自变量可以解释生产总值因变量的 99.9%。Durbin-Watson 检验用来解释模型残差项是否自相关，模型中 Durbin-Watson 统计量数值为 1.797，较接近 2，表示相关系数接近 0，各残差项不存在自相关。同时对比表 4 参照回归模型二的数据,不考虑第一产业和第二产业的产值因素,现代服务业的十个因子对模型解释度为 79.7%,因此模型一对因变量的解释度较高。

表 3 估计回归模型一模型摘要

模型	R	R^2	调整后 R^2	标准偏斜度错误	变更统计资料					Durbin-Watson
					R^2 变更	F 值变更	df1	df2	显著性 F 值变更	
一	1.002[1)	0.999	0.999	0.025 75	0.999	3 610.925	12	25	0.000	1.797

1)预测值:(常数),LNT2,教育,房地产业,水利、环境和公共设施管理业,信息传输、软件和信息技术服务业,科学研究和技术服务业,文化、体育和娱乐业,租赁和商务服务业,金融业,卫生和社会工作,交通运输、仓储和邮政业,LNT1

注:应变数:LNP

表 4 参照回归模型二模型摘要

模型	R	R^2	调整后 R^2	标准偏斜度错误	变更统计资料					Durbin-Watson
					R^2 变更	F 值变更	df1	df2	显著性 F 值变更	
二	0.893[1)	0.797	0.722	0.464 74	0.797	10.607	10	27	0.000	0.891

1)预测值:(常数),[1%],文化、体育和娱乐业

注:应变数:LNP

模型一和模型二的回归分析结果如表 5 和表 6 所示,观测回归系数的 T 检验来辨别各回归系数是否在统计学意义上的显著,对比表 5 与表 6 的显著性以 0.05 为标准可以看出模型一中交通运输、仓储和邮政业,科学研究和技术服务业,水利、环境和公共设施管理业,教育,第一产业与第二产业产值显著性小于 0.05,在 95% 的置信水平下通过检验,显著性优于模型二,同时观测共线性统计资料"允差",即容忍度和方差膨胀系数,即 VIF 表现良好,因此模型共线性问题不严重。

表 5 模型一多元回归分析摘要

估计回归模型一	非标准化系数		标准化系数	T	显著性	共线性统计资料	
	B	标准错误	Beta			允差	VIF
(常数)	0.183	0.140		1.305	0.204		
交通运输、仓储和邮政业	0.139	0.022	0.119	6.180	0.000	0.062	16.041
信息传输、软件和信息技术服务业	0.073	0.078	0.022	0.936	0.358	0.040	24.799
金融业	−0.026	0.058	−0.006	−0.452	0.655	0.141	7.090

估计回归模型一	非标准化系数		标准化系数	T	显著性	共线性统计资料	
	B	标准错误	Beta			允差	VIF
房地产业	0.063	0.069	0.009	0.917	0.368	0.263	3.805
租赁和商务服务业	−0.062	0.039	−0.015	−1.584	0.126	0.247	4.048
科学研究和技术服务业	−0.113	0.051	−0.021	−2.226	0.035	0.247	4.042
水利、环境和公共设施管理业	−0.040	0.013	−0.038	−3.013	0.006	0.147	6.788
教育	0.256	0.089	0.055	2.877	0.008	0.064	15.654
卫生和社会工作	−0.100	0.053	−0.024	−1.882	0.072	0.136	7.334
文化、体育和娱乐业	0.051	0.053	0.009	0.957	0.348	0.289	3.466
LNT1	0.228	0.094	0.129	2.437	0.022	0.008	121.957
LNT2	0.872	0.050	0.939	17.276	0.000	0.008	128.215

注：应变数：LNP

表6　模型二多元回归分析摘要

估计回归模型二	非标准化系数		标准化系数	T	显著性	共线性统计资料	
	B	标准错误	Beta			允差	VIF
（常数）	8.316	1.686		4.934	0.000		
交通运输、仓储和邮政业	−0.839	0.269	−0.719	−3.115	0.004	0.141	7.098
信息传输、软件和信息技术服务业	−0.165	0.632	−0.051	−0.261	0.796	0.198	5.040
金融业	3.224	0.830	0.708	3.885	0.001	0.226	4.426
房地产业	−1.000	1.197	−0.136	−0.835	0.411	0.284	3.520
租赁和商务服务业	0.609	0.646	0.150	0.942	0.355	0.294	3.399
科学研究和技术服务业	0.810	0.771	0.155	1.050	0.303	0.347	2.880
水利、环境和公共设施管理业	0.171	0.233	0.160	0.735	0.469	0.159	6.291
教育	−1.124	1.325	−0.240	−0.848	0.404	0.094	10.690
卫生和社会工作	−0.336	0.835	−0.083	−0.403	0.690	0.179	5.596
文化、体育和娱乐业	−1.735	0.897	−0.291	−1.934	0.064	0.332	3.014

注：应变数：LNP

2. 多元回归模型结论分析

由上文的对比分析可知模型一观测结果较好，则详细分析模型一。由于数据已经进行标准化处理，则通过观测模型一中现代服务业不同行业标准化后回归系数可知，交通运输、仓储和邮政业，信息传输、软件和信息技术服务业，租赁和商务服务业，科学研究和技术服务业，水利、环境和公共设施管理业，教育，卫生和社会工作对总体经济的影响系数分别为 0.119、0.022、−0.015、−0.021、−0.038、0.055 及 −0.024，可以看出以信息技术为支撑的现代服务业中这几大行业对整体经济的发展具有相对高的重要性。但因为标准化回归系数结果只适用于某一特定环境,可能随时间和地点的变化而变化,因而不是绝对正确的,所以在此还是要观测非标准化系数。

观测模型一在表4中非标准化的系数可知,除了第一产业和第二产业对地区生产总值有一定的影响,对各地区现代服务业的不同行业集聚度也有不同程度的影响。同时观测模型一中现代服务业十大行业非标准化的 Beta 值,其中交通运输、仓储和邮政业,信息传输、软件和信息技术服务业,房地产业,教育,文化、体育和娱乐业为正值,即说明这几大行业的集聚效应对浙江省经济发展具有正向促进作用。

四、结论与建议

本文通过运用空间基尼系数、区位熵以及多元回归分析方法,对浙江省 2006~2013 年现代服务业的总体和各个地市的现代服务业进行了多角度分析。

本文写作与研究存在一些不足,如本文测算的只是整体的概况和规律,在地区行业数据搜集上有部分缺失,数据的严谨性仍需进一步核算;对具体行业的集聚效应的突出表现没有很好地具体研究,没有细化,特别是对浙江省部分龙头现代服务业的发展(包括电子商务、现代信息物流以及新兴的跨境电子商务的发展)并没有详细展开,这一点可作为后来学者的研究方向。以下是本文的结论和思考。

1. 浙江省现代服务业集聚程度不均匀且集聚水平整体增长缓慢

浙江省现代服务业发展集聚现象表现为发展不均衡,从综合空间基尼系数和区位熵的测算结果可以看出,其中信息传输、软件和信息技术服务业及科学研究和技术服务业的集聚程度在 2009 年后增长较快且保持在相对较高的集聚水平上,2012 年其基尼系数分别为 0.131 3 和 0.124 1,区位熵分别为 1.251 4 和 0.626 1。但是租赁和商务服务业以及文化、体育和娱乐业等几大现代的服务业却一直保持较低的集聚水平。从统计数据来看,2008 年金融危机后,在国家经济整体增速放缓的情况下,浙江省现代服务业整体保持上升趋势但增幅不大。

2. 浙江省现代服务业集聚效应对浙江经济发展起到一定促进作用,不同行业促进效果不同

现代服务业本身作为服务与技术的集合,其产值是地区总产值的重要组成部分,

对经济的发展有着不可忽视的作用，浙江省现代服务业集聚效应在总产值多元回归模型中交通运输、仓储和邮政业(0.119)，信息传输、软件和信息技术服务业(0.022)等大部分表现出正向促进作用，这支持了马歇尔和熊彼特等经济学家的观点，集聚效应的技术、知识以及劳动力溢出对地区生产总值具有正向影响。但是现代服务业集聚行业之间对经济的促进效果并不一致，如房地产业(0.009)，文化、体育和娱乐业(0.009)对整体经济的影响效果较小。

3. 为均衡现代服务业集聚发展，政府需继续积极引导

加大科技投入，激励创新创业，让技术创新及人才溢出效应在现代服务业间发挥最大效应。加快"服务型政府"建设，切实转变政府职能，为现代服务业的发展营造良好软环境。根据国家加快服务业发展的政策精神和"非禁即入"原则，探索建立负面清单模式，最大限度地为现代服务业"松绑"。要进一步发挥政策导向作用，在服务业引导资金的基础上，制定浙江省现代服务业的扶持政策，引导更多社会资本向现代服务业流动，促进现代服务业集聚均衡发展。

4. 让市场发挥自由竞争和导向作用，突出特别行业的引导力

在多样化、多层次、网络化自由竞争发展的现代服务业集聚基础上，充分突出个别行业的引导能力，拓展服务辐射空间，使服务价值链向外延伸。以交通运输、仓储和邮政业及信息传输、软件和信息技术服务业等主要现代服务业为引导行业，通过主动接受国际服务业的转移，引导服务企业向连锁化、集成化、国际化、网络化和一体化等方向发展，促进现代服务业跨越式发展。

5. 加大开放力度，为现代服务业注入新能量

进一步加大浙江省现代服务业对外开放力度，加大对国外资源的引进和促进国内资源走上国际。要把握现代服务业国际转移的趋势，结合浙江省在对外开放中具有的区位、资源、劳动力、电子商务等优势，有序承接国际现代服务业的转移，着力引进国际著名的大型服务业企业集团进入浙江，以推动浙江省现代服务业加速发展。加快现代服务业的国际化进程，加强与境外服务企业合资合作，鼓励有条件的本土现代服务业企业走出国门，积极参与国际经贸合作。

参 考 文 献

卞士郭.2010. 合肥市第三产业发展的区位熵评价——基于经济普查数据的利用[D]. 合肥工业大学硕
　　士学位论文.

晁钢令.2004. 服务产业与现代服务业[M]. 上海：上海财经大学出版社.

程肖芬.2011. 基于自组织理论的现代服务业集聚区演化与动力研究[J]. 商业经济与管理,(233)：
　　75-80.

樊秀峰,康晓琴.2013. 陕西省制造业产业集聚度测算及其影响因素实证分析[J]. 经济地理,33(9)：
　　115-160.

蒋三庚.2008. 现代服务业集聚理论若干问题研究[J]. 北京工商大学学报,23(1)：42-45.

梁曦.2014. 北京金融产业集聚研究[D]. 首都经贸大学硕士学位论文.

刘成林.2007. 现代服务业发展的理论与系统研究[D]. 天津大学管理学院博士学位论文.

刘军,徐康宁.2010. 产业聚集、工业化水平与区域差异[J]. 财经科学,10(271)：65-72.

刘志彪.2006. 发展现代生产者服务业与调整优化制造业结构[J]. 南京大学学报,(5)：36-44.

刘祖含.2013. 产业经济集聚向产业经济集群升级[J]. 经济纵横,(1)：146.

齐颖超.2008. 四川省制造业产业集聚与经济增长关系研究[D]. 西南交通大学硕士学位论文.

钱昇,梁东.2014. 基于区位熵的浙江服务业集聚度分析[J]. 杭州电子科技大学学报,(5)：22-27.

丘成利.2001. 制度创新与产业集聚的关系研究[J]. 中国软科学,(9)：100-103.

任英华.2010. 现代服务业统计计量模型及其应用[D]. 湖南大学硕士学位论文.

任英华,游万海.2011. 现代服务业集聚形成机理空间计量分析[J]. 人文地理,(1)：82-87.

汤丹花.2006. 江苏省现代服务业发展研究[D]. 江苏大学硕士学位论文.

韦伯 A.1997. 工业区位理论[M]. 李刚建,等译. 北京：商务印书馆.

熊彼特 J A.1990. 经济发展理论[M]. 何畏,等译. 北京：商务印书馆.

杨向阳,童馨乐.2009. 中国服务业集聚的经济分析：基于劳动生产率视角[J]. 产业经济研究,(6)：
　　30-37.

叶锦远.1985. 国外城市空间架构理论简介[J]. 外国经济与管理,(6)：22-24.

朱春明.2004. 关于我国服务业发展过程中几个战略问题的思考(下)[J]. 产业政策,(13)：24-25.

Marshall A. 1890. Principles of Economics[M]. London：Macmillan.

Venables A J. 1996. Equilibrium locations of vertically linked industries [J]. International Economic Re-
　　view,37：341-360.

Storper M,Venables J. 2004. Buzz：face-to-face contact and the urban economy [J]. Journal of E-co-
　　nomic Geography,4(4)：351-370.

基于双引的知识域可视化：信息可视化的新发展[*]

宋艳辉

（杭州电子科技大学管理学院，浙江，杭州，310018）

摘　要　知识域可视化是信息可视化衍生出的一个新涌现的研究分支。本文界定了知识域、知识域可视化，阐析了其研究框架。重点归纳了五种主要的基于引文的知识域可视化方法，即文献共被引方法、作者共被引方法、期刊共被引方法、文献耦合方法、作者耦合方法。分析了他们在知识域可视化方法中的基本原理、具体应用。

关键词　知识域；可视化；共被引；耦合；共词

中图分类号：G350　　**文献标识码：**A

西方新闻传播界有一句流行谚语——一张图片胜过千言万语。当信息可视化发展到一定阶段后，会催生知识可视化这个新的研究领域。信息可视化为知识可视化提供了有力的可视化武器，让知识的表达与流动顺畅无比，也让知识可视化的发展如火如荼。而在广袤的知识可视化研究领域一直有一部分学者坚持探讨科学知识的发展进程及其结构关系，并予以可视化呈现。国外的学者通常称作是"mapping knowledge domain"或者"knowledge domain visualization"；国内以大连理工大学 WISE LAB 为研究主体，专门从事科学知识图谱研究的专家学者，采用的也是类似的研究方法、研究过程及研究目的。因此，一个专注于探讨学科知识领域的研究进展及学科信息结构的研究领域——知识域可视化正在从信息可视化中悄然形成，俨然已经可以成为一个独立的分支方向。知识域可视化本身就是对知识的计量，是深入知识单元、知识元的知识计量。知识域可视化也正在逐渐蜕变为知识计量学的一种新的特征研究方法，如网络

　＊　［基金项目］：本文受浙江省高校重大人文社科项目攻关计划资助(项目编号：2013QN062)。
　　［作者简介］：宋艳辉，博士，杭州电子科技大学管理学院讲师，研究领域：信息计量与科学评价。

链接分析之于网络计量学，引文分析之于信息计量学。

一、知识域可视化的概念

(一)知识域

为较好地理解知识域可视化，有必要对知识域的概念进行了解。知识域通常被理解为知识领域，知识领域可以是一级学科、二级学科、三级学科，甚至可以仅仅是一个技术领域。但是，其他学科的学者对知识域有不同的理解。艺术学有人将知识域理解为教学中传授的全部知识内容，包含两个部分，即教学的常设知识部分和信息部分(焦应奇，2001)。经济学领域有人认为知识域是在知识的经济价值转化过程中，不同形态的同质知识与异质知识，由于表现出的不同的价值差异性而重新整合形成的一种知识的群聚(高政利和梁工谦，2009)。我们认为，与可视化结合在一起的所谓的知识域是一般意义上的知识域，即学科知识领域。

(二)知识域可视化

国内外的相关研究人员都对知识域可视化的概念进行过阐述。知识域可视化国际学术研讨会(The International Symposium on Knowledge Domain Visualization)对知识域可视化做出的定义是：使用可视化技术用直觉的方式表示领域知识结构关系及其发展进程的方法；其目的是通过多种可视化思维、可视化发现、可视化探索和可视化分析技术来揭示一个知识域的动态发展，并从中发现模式。国内信息可视化专家周宁和张李义(2008)则认为，知识域可视化就是从知识单元中抽取结构模式并将这些结果模式在2D或者3D知识空间表示出来的技术，即对某一知识领域的智力结构进行可视化。我们认为，没有必要重新对知识域可视化进行定义，因为并没有存在太多的争议之处，需要明确以下几点内容：①知识域可视化的研究对象是领域知识。目前主要表现为科学文献、专利等。②知识域可视化的研究过程一般是对科学知识的知识单元或者知识元进行提取、分析，并将知识元串联起来的知识关联。③知识域可视化的研究结果是有较强的学术价值和实践指导意义的结论，并经常伴以二维或者三维的科学知识图谱来揭示问题的本质。④知识域可视化的研究目的是探讨某一学科或者知识领域的学科结构、发展历程、学科演进、技术突破等。

(三)知识域可视化研究框架

知识域可视化的研究框架结构，如图1所示。首先我们要获取数据，目前获取数据主要有两种方法：一是直接从数据库中或者网络上下载数据，一般的数据库都具有数据的下载功能，如 SCI, SSCI, CSSCI 等；二是当从数据库中或者网络上无法下载数据，或者下载的数据并不是我们需要的数据，抑或下载数据更加费时费力的时候，我们往往就要采取直接从数据库或者网络中检索所要的数据的方法。

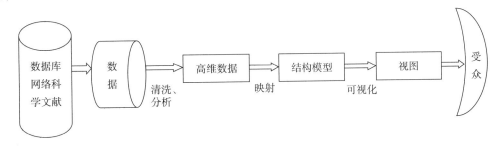

图1　知识域可视化的研究框架

数据搜集完毕后，我们就要对数据进行清洗、提取、计量、分析、统计等研究工作，这一过程将实现纷杂数据的有序化、结构化，形成结构数据信息。在这一步我们就要选择需要研究的分析单元，知识域可视化的研究一般是要选取知识单元或者知识元的。在这一点上它跟知识可视化不同，知识可视化并不局限于仅仅选择小的知识单元，而知识域可视化一般选择知识单元或者知识元来代表数据，通常会选择文献题名、关键词、引文、主题词、作者、概念、术语等分析单元，因为这些都是作者对文献的高度提炼与浓缩的结果，可以在很大程度上表示文献所要论述的主要知识内容。

另外，这一步还要完成的重要工作是对知识单元或者知识元之间的关系进行深入挖掘，也就是选择的分析单元的知识关联。因此，我们要研究对象数据集的内部特点（语义结构、链接关系、引证关系），研究提取的结构化信息、上下文信息、元知识、语义信息，从而形成一个相互关联的数据空间结构，即高维数据结构。高维数据结构的形成需要对知识单元、知识元之间的关系及其强度进行揭示，目前采用的方法主要是引文分析法、共词分析法等。

接下来要对高维数据进行降维处理，降为人可以感受的、认知度较高的二维或者三维数据，这一过程在可视化领域叫做可视化映射。目前的降维过程通常是采用一些降维算法来实现的，如聚类算法、主成分分析(principal component analysis，PCA)法、因子分析(factor analysis，FA)法、多维尺度分析(multidimensional scaling，MDS)法。所幸，很多降维算法已经集成到各种软件中，如 SPSS，我们不必去深究这些高深复杂的算法，只需要知道这些算法的基本原理以及软件的具体使用即可。

最后，将降维后的数据进行可视化展示。选择何种可视化形式，可以根据具体的研究情况来定。

二、知识域可视化的双引方法

从文献引证的相关程度来看，有自引分析、双引分析等类型。文献双引就是两篇同时被一篇文献引用，或者两篇文献同时引用一篇文献，而发生的关系，即为文献双引关系。由于文献双引，又会衍生出作者双引、期刊双引等，因此，双引方法包含文献共被引方法、作者共被引(autor co-citation analysis，ACA)方法、期刊共被引方法、文献耦合(bibliographic-coupling，BC)方法、作者耦合方法等。

(一)共被引方法

1. 文献共被引

当两篇文献同时出现在第三篇文献的引文中时，就认为这两篇文献建立了共被引关系；他们共同出现的次数就被定义为共被引频次。

Small(1999)把共被引关系主要看做更详细地设计一个在科学领域内重要概念(思想)之间关系的一种方法，从而得出了模拟科学专业结构的更真实的方法。著名情报学家埃格希和鲁索(1992)在《情报计量学引论》中为共被引分析方法建立了两条准则：一是如果同一共被引相关群的每一篇论文至少与某一篇给定的论文共被引一次，那么这几篇论文就构成了一个共被引相关群。二是如果某一共被引相关群的每一篇论文与该群中的每一篇其他论文(至少一次)共被引，那么这几篇论文就构成了一个共被引相关群。因此，文献共被引的结果必然是文献的聚类，每一个聚类中的文献通常有较高的共被引频次，体现了较高的相关度，往往能够反映某一个主题范围的内容，Small 在1974年的一项研究中将这些小的聚类(共被引网络中的子网络)解释为科学专业或者分支专业。在目前的研究状况下，我们还可以将这些科学专业或者分支专业称为知识域。

当我们以可视化的方式呈现的时候，在可视化图谱（网络图谱，科学知识图谱等）中就会表现为，由点（代表着一篇篇的文献）聚集而成的类群，这些类群就是 Small 所示的科学专业（分支专业），也是我们所说的子知识域，再由这些类群串联而成整个大的科学专业或者知识域。

2. 作者共被引

ACA 是文献共被引的新发展。当两位作者同时出现在同一篇文献的引文列表中时，这两位作者就被认定是 ACA，ACA 采取作者作为分析单元，使用共被引次数来测度代表作者的全部文献之间的关系，并运用多元统计分析方法，如聚类分析、因子分析等探测由这些文献代表的研究领域的知识结构。共被引理论的创始人 Small（1999）曾高度评价 ACA：ACA 是一种特别的共被引分析类型，在分析中，一系列数据项（作者）被选择代表一个知识领域，可以最大限度地代表一个学科领域，并尽可能细致地展示知识领域的专业分支。

众多学者对 ACA 进行过专门的研究，Persson（2001）、Schneider 等（2007）、Eom（2008）对共被引作者的排序问题进行了研究，如共被引中存在着第一作者共被引、全部作者共被引；Ahlgren 等（2003）、White（2003）研究过共被引矩阵（矩阵对角线如何设定、矩阵是否需要转化、如何转化）；Rousseau 和 Zuccala（2004）研究过共被引强度计算方法。以上研究是对 ACA 方法本身的研究与改进，这些研究让共被引方法逐渐成为一种行之有效的成熟的知识域可视化方法。而真正发挥出 ACA 作为一种方法的应用价值的是将 ACA 应用于某一科学领域进行领域探测并予以可视化呈现，如 Pamela（2001）曾将 ACA 应用于社会生态学领域等。在这些研究中，做得最为彻底的可能是图书情报领域的学者 White 和 McCain（1998）的研究。他们选取了情报科学领域的 12 种核心期刊，从 DIALOG 数据库中搜集了作者的共被引数据，他们把作者的全部文献作为分析对象，以因子分析与多维尺度分析来可视化显示其学科结构。

McCain（1990）曾将 ACA 归纳为六个基本步骤，以后的 ACA 研究者大都遵循这几个步骤，我们认为，这实际上就是 ACA 方法在知识域可视化中应用的几个步骤，如图 2 所示。

3. 期刊共被引

期刊共被引分析是在文献共被引分析与 ACA 分析的基础上提出的一种分析方法，它可以用于揭示不同期刊之间相互渗透、彼此依赖的相互影响关系。赵党志（1993）认为，期刊共被引分析不但是研究学科和文献的结构与特点的一种有效方法，而且在揭

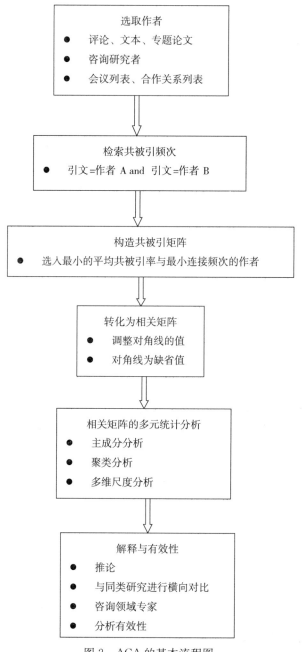

图 2　ACA 的基本流程图

示学科的整体结构以及期刊的专业性质和特点方面有独到之处。从文献共被引与 ACA 中，我们不难得出期刊共被引的基本思想：当两种期刊同时被第三种期刊中的一篇或者多篇论文引用时，这两种期刊就建立了共被引关系，它们共同出现的次数即为二者的共被引频次，共被引频次的高低则说明期刊之间的或近或远的关系。与文献共被引和 ACA 相比，期刊共被引的研究相对较少。目前，关于期刊共被引分析的研究论文基本也是采取与 ACA 相同的步骤，如 Hu 等(2011)、邱均平和赵为华(2008)、岳洪江和刘思峰(2008)等的研究。不同的是，期刊共被引分析以期刊作为基本分析单元，揭示的是学科期刊之间的关系，反映的是期刊在学科关系以及专业上的联系，经常发生共被引关系的期刊往往具有相同的学科属性；而在一个学科内的期刊如果经常产生共被引现象，则可说明这些期刊在该学科内具有相同或者相近的专业性质。

图 3 为一张国内图书情报学期刊共被引的二维图谱。将图书情报学领域的期刊分为四个类群：①大学图书馆学报、图书与情报、图书馆杂志、国家图书馆学刊、新世纪图书馆、图书馆建设、图书馆理论与实践、图书馆学研究；②图书馆论坛、图书馆工作与研究、高校图书馆工作、图书馆界、大学图书情报学刊、现代情报、情报探索；③情报学报、情报理论与实践；④现代图书情报技术、情报杂志、情报科学、中国图书馆学报、图书情报工作、图书情报知识、情报资料工作。可以看出，聚在一起的期刊一般都是具有相同专业性质的期刊，而同一专业性质的期刊继续重新的聚合实现了期刊在偏重与专业领域的某一方面的研究，如理论、技术、实证、应用等。另外，不同类群在图谱的不同位置也显示了它们不同的学科地位及其学科作用。

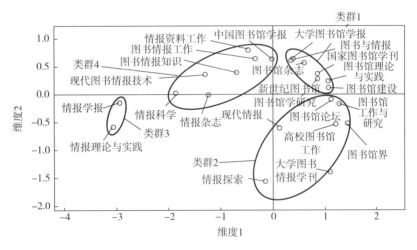

图 3　国内图书情报学期刊共被引的二维图谱

(二)耦合方法

1. 文献耦合

如文献共被引是所有共被引分析(作者、期刊、学科)的基础一样，文献耦合是所有耦合分析的基础。而且，文献耦合跟文献共被引一样可以作为实现研究论文的聚类的方法。Kessler(1963)在对期刊进行引文分析时,将引用同一篇文献的两篇或者多篇文献所发生的关系称为文献耦合关系,并且认为同一学科的文献发生耦合关系的可能性要大一些。耦合强度为两篇论文所共有的引文的篇数。Kessler 还为文献耦合定义了两条准则(埃格希和鲁索,1992)。

准则一:如果一相关论文群 A 的每篇论文至少与某一篇固定论文共有一个耦合单位,那么许多论文就构成了一个相关论文群 B。耦合强度为它们之间的耦合单位数。

埃格希和鲁索(1992)将准则一进行了补充:如果固定论文是自身文献耦合的,其耦合强度等于固定论文中的引文篇数;然而,如果固定论文不含参考文献,它们自身就不是文献耦合的。

准则二:如果一相关论文群 C 的每一篇论文至少与该群的每一篇其他论文有一个耦合单位,那么这许多论文就构成了相关群 D。

对于知识域可视化来说,我们可以用 Kessler(1963)提出的两条准则来阐述文献耦合分析是如何去实现知识域的结构与特征的。准则中提出的相关论文群 A、C 实际上就是我们的数据集,或者叫做研究样本,代表的是某一学科知识或者技术领域,而由于耦合产生的相关论文群 B、D 就是学科中的科学专业、分支领域(Small,1999),也是我们所说的子知识域,最后以可视化形式展示知识域的结构特征。

与共被引相比,文献耦合强度(频次)是两篇文献在各自的引文列表中共同拥有的相同数据项的数量,而且这两篇文献一经发表其文献耦合频次就是确定的了,而文献共被引会随着时间变化,共被引频次也会不断增加。当进行知识可视化分析时,使用文献耦合频次测度当前文献之间的相似度并直接可视化这些文献(根据文献的引用行为来判断它们之间的关系紧密性),而不是像文献共被引那样分析这些文献已经拥有的过去的引文。因此,Egghe 和 Rousseau(2002)、Weinberg(1974)认为文献耦合可以是比共被引更好地支持对当前研究活力的直接性的研究,而不是经由对这些研究活力产生影响的文献(引文)去间接解释。Bassecoulard 等(2007)、Glänzel 和 Czerwon(1996)也表达过类似的观点:不像共被引那样通常选取过去文献的被引次数作为分析对象,文献耦合可以探测到学科研究前沿的微弱信号。Kuusi 和 Meyer(2007)最近通过专利中的耦合分析也发现,文献耦合在预测技术突破方面有着无与伦比的优势。而文献共被引的提出者 Small(1973)也指出过文献耦合的劣势,他认为,既然文献之间的文献耦合频次是确定的,则文献耦合不能支持知识领域随时间的变化趋势。也就是说,文献耦合并不能很好地研究学科知识的发展历程和演进情况。

因此,文献耦合与文献共被引可以实现某些相同的功能,如探测学科知识领域。它们也各有优势与劣势,可以互为弥补,谁也不可能完全地替代谁。而与文献共被引发展相比，文献耦合的发展要落后很多，但这不能说明文献耦合比文献共被引在方法上要逊色多少。我们认为其原因是，文献耦合分析在进行具体实证时，在具体操作和执行等方面(一般不能直接从 Web of Science 等引文数据库中直接获取耦合数据)要比文献共被引要困难很多。

2. 作者耦合

当把文献耦合拓展至作者层面，即不是以文献为分析单元，而是以文献的作者作为分析单元时，就形成了作者文献耦合分析(author bibliographic-coupling analysis，ABCA)。其基本原理是：比对两位作者所有发表的文献中的引文列表，当出现了相同的引文时，即认为这两位作者建立了作者耦合关系；作者耦合频次为相同的引文数目。关于 ABCA 的计算方法有两个不同的视角，颇具代表性的是 L. Leydesdorff 和 D. Z. Zhao 的算法。L. Leydesdorff 将其耦合分析软件挂接在其个人学术网站上，马瑞敏(2009)博士推算其算法思想为：两个作者的耦合首先是两个文献(作者分别为 A 和 B)的耦合，即文献的耦合是基础，先求出两篇文献的耦合次数，就是求出这两篇文献的著者之间的耦合次数，然后累加。Zhao 和 Strotmann(2008)提供的两个 ABCA 的计算方法是：将某个作者(只考虑第一作者)所有论文的参考文献作为一个集合，然后和另一个作者所有文献的参考文献进行比较，找出共同的参考文献次数即为这两个作者之间的文献耦合次数。由于一篇文献在某个作者的参考文献中出现的次数可能不止一次，如在 A 作者中出现 N 次，同时在 B 作者的参考文献中出现 M 次，则这篇文献要赋以权值，具体为 $\mathrm{Min}(N，M)$。L. Leydesdorff 的方法每增加一篇文献便要和目标作者的所有文章参考文献进行匹配，因此效率比较低，而且 L. Leydesdorff 仅仅提供了该软件并未用它进行任何的实证研究。我们认为，Zhao 等的算法思想更具可操作性。

Small(1973)曾经在提出共被引概念的时候抨击文献耦合不能支持知识领域随时间的变化趋势。当把文献耦合拓展至作者层面时就形成 ABCA，就可以有效地解决这个问题，因为一个作者发表的文献总量一般总是在增长，因此他与其他作者的文献耦合频次也总在变化；即使有的作者退出学术领域不再发表论文，只要还有其他作者发表论文，他们的文献耦合频次就会随着发生相应变化。这样我们就可以运用 ABCA 探测知识域的发展历程及其演进状况了。Zhao 和 Strotmann(2008)以情报科学为例实证了，ABCA 是一种可以提供一个学科的当前研究活力状况的有效方法。他们认为，如果将 ABCA 与 ACA 结合起来使用，可以更好地研究一个领域的结构全貌，并可获得这个领域的演进策略及其当前的发展情况。当在知识域分析时，在 ACA 中探测到而在 ABCA 中未探测到的知识领域，则表明该知识领域可能已经出现弱化的趋势；在 ABCA 中探测到而在 ACA 中未探测到的知识领域，表明该知识领域有可能是一个新出现的知识领域，有可能代表着学科研究前沿。

图 4 是我们根据科学计量学领域的数据绘制的 ABCA 图谱。图谱显示，科学计量学的学者因为相互之间发生耦合关系，而聚类在一个个的研究主题内(圆点所示)。而科学计量学也通过 ABCA 探测到 10 个研究主题，这些研究主题可以认为是科学计量学知识领域内小的知识域。检查高载荷与高耦合强度作者的共同研究主题，确定因子标签。该阶段二者依然保持高度的一致，如 H 指数的 Ye，FY 与 Liu，YX，学科交互融合的 Porter，AL 与 Rafols，I，区域合作的 Boshoff，N 与 Sooryamoorthy，R，科学与技术的 van Looy，B 与 Verbeek，A，期刊影响因子的 Campanario，JM 与 Sombat-sompop，N，科研生产力的 Lariviere，V 与 Archambault，E 等。该阶段科学计量学最活跃的研究主题是"H 指数"。"网络计量"为检查结构矩阵的作者载荷确定因子标签。同样在图谱的中央画一根虚线，科学计量学(2001～2010 年)的研究较为明显的分为四个研究领域：研究领域一，科学与技术指标。其包含期刊影响因子、H 指数两个研究因子。研究领域二，科学合作研究。其包含"区域合作"、"学科合作"和"科研生产力"三个研究因子。研究领域三，科学与技术交融研究。其包含"科学与技术"和"学科交互融合"两个研究因子。研究领域四，引文分析与可视化研究。其包含"科学知识图谱""社会网络分析""引文分析与可视化"三个研究因子。我们可以发现，研究领域一与研究领域二交织在一起，没有明显的分界。实际上，主题①与主题②分别属于科学计量学 1991～2000 年所论述的基础理论、实践问题研究的范畴，这说明该时期科学计量学的发展不再像前 10 年所表现出的理论问题与实践问题相分离，而是更加注重二者之间的融合，从而呈现一种良性的发展态势。在科学计量学 1991～2000 年，科学知识图谱源自引文分析，且并未形成一定规模。在 2001～2010 年，科学知识图谱与可视化研究俨然已经成为了科学计量学的一个独立的研究热点领域，更重要的是，该领域各个研究主题之间的联系更加紧密，相互作用与影响在扩大。"网络计量"就是由该领域衍生出来的一个较新的研究主题，检查该因子下的作者及其共同研究主题发现，该主题主要集中在"网络链接分析"的研究上，我们认为网络链接分析属于网络计量的研究内容。经过比较可以看出，科学计量学经过一段时间的学科发展，其结构更加清晰明朗，而且各个研究主题之间不再是孤立的，而是更加的融合贯通。

我们认为，除了引证外，知识域可视化中的另一个模式是科学合作，它可大大提高科研产出的质量和效率。引证可以运用于某一科学领域进行知识域的探讨，合作也同样可以探讨知识领域的结构状况，而且我们还认为，合作方法比引证方法更为直接。很早就有学者提出了"无形的学院"的存在，这正是学术共同体进行跨时空合作的结果。

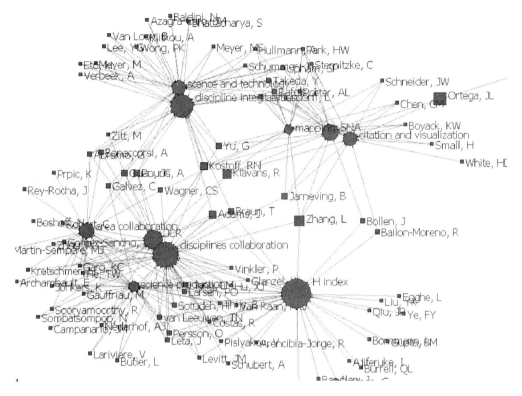

图 4　科学计量学 ABCA 的可视化图谱

通常情况下，学院是具有相同或者相关性质的学科专业聚集而成的一种从事教学或者科学研究活动的存在模式，而且一般有实体对象，可以看得见、摸得着。而科学合作的存在，尤其是学者们的跨越时空因素的合作将这种实体的学院无形化。我们看不到这样的学院的存在，但它又确实是一种虚拟化的状态存在着，形成一个虚拟化的网络，网络中每一个作者有着相同或者相近的研究状态。科学合作归根到底是人的合作，根据合作主体的不同又可以分为机构合作和国家合作。当建立合作关系的双方是来自不同机构的作者时，就形成了机构合作模式。当合作的双方是来自不同国家的作者或者机构时，这种合作就是国家合作。在我们未来的研究中，会进行知识域可视化的合作研究，以完善知识域可视化的研究体系。

三、相关研究

可以认为，几乎所有的科学合作都可归结为作者的合作，在作者合作的基础上才有了机构合作与国家合作等合作模式。实施科学合作行为的作者一般在研究方向、知识结构等方面相同或者相似,即使是研究范围广泛的作者也是在某一方面跟其合作对象之间存在着相同或者相似的交叉研究内容。这为我们进行知识域的探寻,提供了科学依据。对于在知识域可视化方面,我们需要做的是将探寻结构进行可视化。

图 5 是我们以国内竞争情报研究领域的数据为研究对象,统计其发文量排名在前40 的作者,并建立他们之间的合作关系网络。在图中我们可以看到 40 位作者形成了四个无形的学院:①彭靖里、李建平、杨斯迈、邓艺;②王知津、陈婧、张收棉、陈维军;③吴晓伟、徐福缘、李丹、张翠英;④张玉峰、吴金红、王翠波。

从图 5 中可以看出,同一合作网络下的作者之间具有某种相似性,有的甚至是师生之间的合作研究。

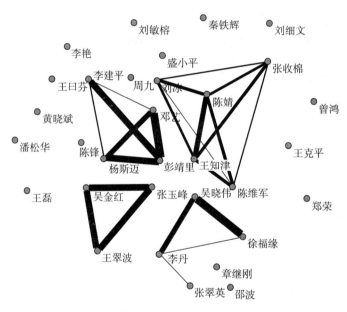

图 5　竞争情报领域作者合作网络

当建立合作关系的双方是来自不同的机构的作者时,就形成了机构合作模式。同样以我国竞争情报领域的数据为研究对象。统计 2 351 篇竞争情报论文的发文机构,共获取 381 个机构单位,对发文量排名在前 90 的 90 个机构单位,予以可视化展示(仅仅展示了建立了合作关系的 45 个机构),以此,我们将国内竞争情报的研究划分成了四大研究阵营:①华中阵营:以武汉大学信息资源研究中心和中国科学院国家科学图书馆为中心;②华东阵营:以上海商学院和南京大学信管系为中心;③华北阵营:以南开大学商学院信息资源管理系为中心;④西南阵营:以云南省科技情报研究所为中心。

机构合作似乎能更好地体现区域科研合作现象。而我们认为,实际上正是同一区域的合作单位在研究中具有某种相似性研究才让他们建立了合作关系，而长久的合作关系又会进一步加深这种相似性。这也为我们提供了一种新的探讨知识域结构的方法，即从合作区域入手研究知识区域的途径。

当合作的双方是来自不同国家的作者或者机构时，这种合作就是国家合作。为说明基于国家合作的知识域可视化，我们引入美国 Drexel 大学信息科学与技术学院陈超美博士用 Java 语言开发出来的软件 CiteSpaceⅡ作为例子进行阐述分析。

在 Web of Science 数据库中输入主题词"digital library"，共检索到 1 670 篇文献，文献类型为"article"，时间跨度为 1996～2010 年。在 Citespace 软件界面，网络节点选择 category 设置"Time Scaling"值为 1，即将 1996～2010 年分成 15 个时段进行处理，其他选择默认值，运行 CiteSpace。

CiteSpace 可将各国发表的论文数量及时间以"年轮"的大小和颜色直观展示出来。在 Citespace 软件界面，网络节点选择"Country"与"Institution"，主题词来源选为文献标题(title)、摘要(abstract)、关键词(descriptor)和标识符(identifiers)，选择路径搜索(pathfinder)算法，数据抽取对象为"top30"，设置"Time Scaling"的值为 1，即将 1993～2010 年分成 18 个时段进行处理。运行 CiteSpace，得到有关数字图书馆学研究的国家和机构的综合性分析图谱。其中，圆形节点代表国家，处于直线分支上的小节点则代表机构，如图 6 所示。

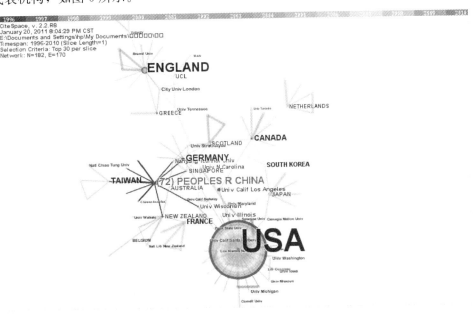

图 6　数字图书馆研究领域国家合作可视化知识图谱

据统计，发文最多的国家是美国，发文量为 698 篇。其次是英国、中国、德国。

在整个网络中,美国的节点中心性最大,表明共现网络中很多国家都直接或间接地和它有合作关系,如中国(PEOPLES R CHINA)、法国(FRANCE)、日本(JAPAN)、德国(GERMANY)等都是直接跟美国建立的合作关系。德国的中心性占第二;英国、中国、加拿大并列第三。从发文突增性来看,中国的 burst 值为 7.14,是整个网络中发文突增性最大的一个节点。美国作为数字图书馆界学术论文产量最大的国家,其国内的主要研究机构主要分布在大学里,如密歇根大学、康奈尔大学、密苏里大学、华盛顿大学、加州伯克利大学、加利福尼亚大学、宾州州立大学、加州大学圣塔巴巴拉。中国有中国科学院、南洋理工大学、北京大学、台湾"清华大学"。图谱还较好的说明了以人为主体的机构合作,进一步形成了国家合作的产生。

四、结　　语

本文对知识域可视化的研究主要基于图书情报学、科学学的研究视角,且主要是引文分析中的双引分析方法。受学科的限制,可能还会有很多知识域可视化的研究方法,如合作方法、共词方法等。由于文章篇幅的限制我们仅仅进行了理论方面的讨论,在后续的研究中,我们将一方面开展知识域可视化的具体实现方法的实证研究;另一方面尝试引入其他学科的知识域可视化研究方法,拓展与完善知识域可视化的研究内容。

参考文献

埃格希 L,鲁索 R.1992.情报计量学引论[M].田苍林,葛赵青译.北京:科学技术出版社.

高政利,梁工谦.2009.价值性差异、知识域结构与知识计量研究[J].科学学研究,27(6):881-890.

焦应奇.2001.知识域概念和专业知识板块的划分与设计[J].美术观察,(9):16-20.

马瑞敏.2009.基于作者学术关系的科学交流研究[D].武汉大学博士学位论文.

邱均平,赵为华.2008.期刊同被引的实证计量研究[J].情报科学,26(10):1448-1452.

岳洪江,刘思峰.2008.管理科学期刊同被引网络结构分析[J].情报学报,27(3):400-406.

赵党志.1993.期刊共被引分析——研究学科及其期刊结构与特点的一种方法[J].中国科技期刊研究,(2):55-60.

周宁,张李义.2008.信息资源可视化模型与方法[M].北京:科学出版社.

Ahlgren P，Jarneving B，Rousseau R. 2003. Requirements for a cocitation similarity measure，with special reference to Pearson's correlation coefficient[J]. Journal of the American Society for Information Science and Technology，54：550-560.

Bassecoulard E，Lelu A，Zitt M. 2007. Mapping nanosciences by citation flows：a preliminary analysis [J]. Scientometrics，70：859-880.

Egghe L，Rousseau R. 2002. Co-citation, bibliographic coupling, and a characterization of lattice citation networks [J]. Scientometrics，55：349-361.

Eom S. 2008. All author cocitation analysis and first author cocitation analysis：a comparative empirical investigation[J]. Journal of Informetrics，2：53-64.

Glänzel W，Czerwon H J. 1996. A new methodological approach to bibliographic coupling and its application to the national，regional，and institutional level[J]. Scientometrics，37：195-221.

Hu C P，Hu J M，Gao Y，et al. 2011. A journal co-citation analysis of library and information science in China[J]. Scientometrics，11：111-120.

Kessler M M. 1963. Bibliographic coupling between scientific papers[J]. American Documentation，14：10-25.

Kuusi O，Meyer M. 2007. Anticipating technological breakthroughs：using bibliographic coupling to explore the nanotubes paradigm[J]. Scientometrics，70：759-777.

McCain K W. 1990. Mapping authors in intellectual space：a technical overview[J]. Journal of the American Society for Information Science，41：433-443.

Pamela E S. 2001. Scholarly communication as a socioecological system[J]. Scientometrics，51（3）：573-605.

Persson O. 2001. All author citations versus first author citations[J]. Scientometrics，50（2）：339-344.

Rousseau R，Zuccala A. 2004. A classification of author co-citations：definitions and search strategies [J]. Journal of the American Society for Information Science and Technology，55（6）：513-629.

Schneider J W，Larsen B，Ingwersen P. 2007. Comparative study between first and all-author cocitation analysis based on citation indexes generated from XML data[A]// Proceedings of the Eleventh International Conference of the International Society for Scientometrics and Informetrics[C].

Small H. 1973. Cocitation in the scientific literature：a new measure of the relationship between two documents[J]. Journal of the American Society for Information Science，24：265-269.

Small H. 1999. Visualizing science by citation mapping[J]. Journal of the American Society for Information Science，50：799-813.

Weinberg B H. 1974. Bibliographic coupling：a review[J]. Information Storage and Retrieval，10（5~6）：189-196.

White H D. 2003. Author cocitation analysis and Pearson's r[J]. Journal of the American Society for

Information Science and Technology，54：1250-1259.

White H D，McCain K W. 1998. Visualizing a discipline：an author cocitation analysis of information science，1972-1995[J]. Journal of the American Society for Information Science，49：327-355.

Zhao D Z，Strotmann A. 2008. Evolution of research activities and intellectual influences in information science 1996-2005：introducing author bibliographic coupling analysis[J]. Journal of the American Society for Information Science and Technology，59(13)：2070-2086.

跨文化传播与电视媒体节目创新研究*

王 松 李 婷

（杭州电子科技大学，浙江，杭州，310018）

摘 要 跨文化传播实际上是一柄双刃剑，出自不同文化体系的异类文化进入，难免有不服本土文化"水土"的情况，甚至会同本土文化产生碰撞冲击，特别是强势文化产品的进入，势必影响到本土文化及受众的生活方式，并引发本土文化的适应性选择。基于以上背景需要探讨中国电视传媒业应该如何应对跨文化传播和国外电视文化产品的冲击，既不消极抵抗和排斥外来文化产品，又不全盘模仿和抄袭强势文化，因而失去本土文化特征。本文借鉴创新管理学理论，建立了本土电视媒介创新的"二次创新"模式，详细阐释了本土电视媒体从"模仿创新"到"创造性模仿"到"改进性创新"到"后二次创新"的发展路径。强调只能是在着眼于全球传播与文化市场趋势与需求的基础上，先学习，后创新，采取适合我国本土化要求的二次创新模式，才是发展之道。

关键词 跨文化传播；电视；模仿；创新；"二次创新"模式

中图分类号：G203 **文献标识码：**A

　　跨文化传播是人类发展过程中的历史文化现象。各种文化正是由于不断地吸收不同文化的有益因素，才使自己不断得到更新、丰富和发展。随着全球化的加剧，文化的相互影响与相互渗透通过媒介表现出来，特别是电视媒体，随着外来电视文化产品的传播渠道和范围大大扩张，随之带来的影响已进入中国电视文化的深层结构（萨默瓦，2004）。跨文化传播中，我们难免受到强势文化的冲击，而影响到我们原有的生

---

　　* ［基金项目］：研究资助项目包括："管理科学与工程"浙江省高校人文社科重点研究基地重大招标项目"新媒体传播特点与网络舆情监测监管研究"（项目编号：ZD04-2015ZB）；浙江省自然基金项目"基于环境不确定性的集群创新网络与集群增长绩效研究：网络合作度与开放度视角"（项目编号：LY13G020026）。

　　［作者简介］：王松，博士，教授，浙江杭州下沙高教园区，杭州电子科技大学数字媒体与艺术设计学院，邮编310018，电话13646811174，邮箱 wangsong@hdu.edu.cn。

活、娱乐和思维方式,这就要求我们进行选择和适应(秦志希等,2003)。中国电视传媒业应该在应对跨文化传播和国外电视文化产品的冲击时,既不消极抵抗和排斥外来文化产品,又不全盘模仿和抄袭强势文化,而失去本土文化特征,这样才能生存、发展和壮大自己,提供受众喜爱的文化产品。本文试图从创新管理学的角度对中国电视媒体的发展进行分析,回答上述的问题,找到一条适合本土电视媒体发展的路径。

企业创新理论告诉我们,适合发展中国家的二次创新理论不同于发达国家的一次创新模式,其是指企业通过学习模仿率先创新者的创新思路和创新行为,吸取率先者成功经验和失败的教训,引进购买或破译率先者的核心产品和产品秘密,并在此基础上改进完善,进一步开发的创新活动(吴晓波,1995)。二次创新是一个渐进积累并适时进入新的创新轨道的进化过程,是一个量变与质变并存的多维过程,是一个从原有产品体系向新产品体系"学习"到新、旧产品体系相互竞争和"理解"的非线性过程,也是从一个打破原有产品平衡态到形成新的产品平衡态的非均衡过程。与一次创新相比较,二次创新不需像一次创新一样需要发达的知识和创意能力及良好的技术、经济环境作为背景。二次创新的风险性和不确定性也大大降低,二次创新在成本经费投入上也远远低于一次创新。根据这一理论,我们对跨文化传播背景下中国电视媒体的发展模式予以构建。

一、中国电视媒体的基本生存模式——模仿创新(阶段一)

什么是创新?一般会认为,创新即要创造新的事物,是一个与模仿相对应的概念。在多数人的观念中,模仿似乎不够光明正大,往往背负"抄袭"的恶名,很难与创新画上等号。但事实上,模仿也是一种创新途径,这是对传统"创新"观念的颠覆性理解。伏尔泰曾说过,"独到性就是明智而审慎的模仿"。我国企业管理界有一句名言——"创新就是率先模仿",即学习和模仿过程中孕育着创新,要善于学习和模仿世界上最好的东西来实现跨越式的进步。

电视产业发达的国家,其电视节目形态是经过多年市场实践筛选出来的,本土电视传媒业在完成自身的市场化的过程中,直接学习借鉴国外的先进电视节目形态,结合自身实际情况为我所用,这不失为一种好的方法(赛佛林和坦卡德,2006)。20世纪90年代前中期,地方电视台的一些优秀节目之所以成功,关键是因为其积极引进、巧妙运用先进电视节目形态,尤其在微观层面,西方电视节目从形式、内容以及运作方式都对中国的电视节目的演变、发展有着推动作用,几乎每一种新推出的节目形式都包含着西方同类节目的影子,在娱乐节目的发展中尤其如此。20世纪90年代中期开始的"明星＋表演"模式的综艺节目形式、"明星＋游戏＋观众参与"的综艺娱乐节目形式、"观众＋游戏＋巨奖"的竞猜节目形式都有浓厚的西方节目的影子。通过这种模仿，出现了《快乐星期天》和《欢乐总动员》这样的高收视率节目，打破了原来的电视媒体充斥着引进国外的二流电视剧的格局，为国产节目争得一席之地。

总而言之，模仿创新始于系统的电视媒介产品引进（称为第一类引进），它包括媒介产品设计、制作形式、测试方法、内容与道具等，它以模仿引进媒介产品的整体外观与内核为原则，经过试播后即进入媒体播放阶段。这时的媒介产品是完全按照引进的标准运行的，以生产出与国外同样水平的产品为目标。传播战略是通过受众对国外产品的新鲜感建立其在国内市场的先发优势。当然后来证明仅仅对于西方节目一窝蜂地引进、模仿与抄袭，是不可取的，特别是那些只有模仿没有创新的节目，不久就会被观众厌倦和淘汰。

二、中国电视媒介市场领先者的竞争模式——创造性模仿（阶段二）

在创新活动的第二阶段，国产化是消化、吸收引进技术的主要内容和目标，国产化也是改进性创新的基础和前提。国产化包括以替代进口组装件为目标的研究开发活动。世界各国在处理协调消化吸收与创新的关系以便使创新纳入经济发展的战略轨道上时，往往借助于国产化活动来完成（von Hippel，1988）。

中国电视媒介传播的创造性模仿的实质就是国产化，更准确地说就是本土化。在这一阶段，原有媒介产品结构与引进产品结构相互适应和融合是关键。本土化过程事实上是一个"结构性理解"过程，即是新、旧产品结构的相互适应，并成为具有新质的产品结构的过程。这一阶段以工艺创新为主，以尽可能多地在不失产品性能的前提下适应本土的条件、气候等。同时，在节目制作过程中"用中学"起着十分重要的作用，即引进的电视产品在使用过程中，通过学习而改进操作条件、降低运行成本、提高效率，同时解决种种适应性问题。例如，美国学者 von Hippel（1988）指出，使用者也是创新者。这一阶段虽然仍以维持引进产品的性能进行工艺创新为主，但是本土化使引进产品的结构和内容发生了一定的变化，所以称为创造性模仿。

中国电视媒介市场领先者对引进节目中原片主题进行本土化的阐释、对原片立意进行本土化的表达、对原片形式风格进行本土化的理解。这样的媒介产品继续获得了受众的认可和商业上的成功。"本土化"绝不应仅仅局限在节目外在样式的加工上，其还有一个十分重要的内容就是对外来节目的思想内容进行"本土化"加工。这种成功模式实际是"创造性模仿"，可以称为中国电视节目在引进过程后的二度创作。其中的《快乐大本营》和《我爱记歌词》就是例证。从 2004 年开始，《快乐大本营》栏目开始确立以阶段性活动为亮点，以普通观众为主角的节目改版方向，淡化"大综艺"的明星套路，逐步尝试"海选"、"真人秀"和"现场 PK"等"泛娱乐化"的新概念。2006 年以来，《快乐大本营》全新创意的主题性综艺节目，突出了"全民娱乐"的新概念，为普通观众或草根团体、组合打造了一个展现个性的"全民娱乐"平台和分享快乐的机会，同时也极力为电视机前的观众推介时尚、新奇的文艺表演形式，传递"快乐至上"的娱乐精神，突出了以观众为主体的"娱乐天下"的节目宗旨。《我爱记歌词》走的也是类似的本土化真人秀的道路。2007 年的夏天，一档全新益智节目《合唱小蜜蜂》冲击了美国电视荧屏。节目以其超低的参与门槛、简单的游戏规则、意想不到的笑料爆点和丰厚的冠军奖金迅速风靡全美。在看到这档节目的潜力后，中国的浙江卫视立刻照猫画虎，三个月后，这档美国综艺大餐被迅速移植到国内。借鉴国外成功节目的做法在各大卫视很常见，但其中不少节目来到中国后都"水土不服"，有的甚至没办到一季就草草收摊，而《我爱记歌词》却存活了下来。究其原因，节目组首先从理念上进行改造：美国人对"小蜜蜂"的概念是参加比赛能够赢得高额奖金，而《我爱记歌词》更注重全民参与和互动。为了让更多的普通老百姓有机会到电视上过把歌瘾，节目组取消了任何选拔的过程，采用了报名即可参赛的方式。《我爱记歌词》节目组打出"全民 K 歌会"的口号，不设任何参赛条件，不管长相歌喉，只要记对歌词就能夺冠，这种类似于 K 歌的节目迅速吸引了众多爱唱歌的普通百姓。

三、中国电视媒体可持续性发展的模式——改进性创新（阶段三）

改进性创新的前提应该是对模仿对象的精确解读。如果一知半解或断章取义，就难以取其精华，更难以在创造性模仿的基础上进行合理的创新。在创新活动中，通过前两个阶段的运行，媒介产品的引进主体具备了一定的生产能力，掌握了基本的产品原理和专有技术，达到了消化吸收的目的。本土化以掌握设计原理和技术为目标向纵深发展，同时在经验和技术积累的基础上逐步形成自我的 R&D 能力。进而根据市场的需要，通过自主的研究和开发，进行改进性创新（郭京京和吴晓波，2008），即对引进产品进行"功能性理解"，扩大引进产品的应用领域，并充分运用其"技术机会"进行引进产品新功能的开发。这种改进性创新的涌现乃是二次创新真正意义的所在。它标志着对引进媒介产品消化吸收的成功，表明了主体已经摆脱了对产品母国的依赖，具备了自我发展的能力。

近几年有几档电视节目，包括真人秀和益智类节目，获得了巨大成功，其基本上具备了"改进性创新"的一些特点，如央视的《开心词典》，在同类型的竞猜节目中，属于极少数的成功者（苗棣和王更新，2014）。《开心词典》从一开始就注重将外来节目进行本土化，对于保持节目形态的新颖性与文化可适性的关系也非常注重。例如，为避免国外此类节目利用高额奖金刺激吸引观众的负面效应，节目主创人员针对现代社会家庭成员之间缺乏交流的状况，提炼出"家庭梦想"这一主题概念，很好地适应了中国文化中注重家庭亲情的传统，促进了家庭的团结与和睦。在这里高额奖金被浓浓的亲情所替代，节目在各个环节着意营造的那种全家团结、共同实现梦想的感人氛围，远远超出了单纯物质奖励所带给人们的快感。当然，这样的节目还非常少。

《极限挑战》和《中国好声音》也是比较成功的节目。这些节目又进一步在模仿的基础上进行了创新，且创新的比重更高。这类节目借鉴的对象是西方和韩国的电视真人秀。西方的电视节目是建立在西方的道德伦理及价值观念之上的。例如，包括《幸存者》在内的众多节目，其竞赛规则多数是鼓励参与者暴露其人性弱点。在游戏中，参与者为了能赢，往往会不择手段，甚至相互倾轧，朋友离间、情人反目、仇敌牵手，所有的阴谋、串通、诡计和钩心斗角，都是为了在竞争游戏中不被淘汰。这与讲求宽容、合作、和平共处的中国传统伦理道德以及主流意识形态相违背。中国的电视节目在娱乐趣味、道德标准、人性深度的表达和调用方面都会受到中国特定的意识形态、文化传统、社会价值观念甚至生活方式的制约。中国观众的电视欣赏习惯是：在公众媒体上看到的，一定是符合传统道德标准、审美的东西，所以一旦遇到要暴露人性丑恶（甚至未必是丑恶，只是一些小毛病）或个人隐私生活的东西，制作节目的人就放不开手脚去做，看节目的人也放不下脸来看，这也使这类节目的国内版本很难尽兴，更有甚者则难逃"夭折"厄运（张忠仁，2010）。

为了符合中国观众的口味，改进性创新应该建立在对海外优秀节目的精确解读以及国内观众需求的准确把握上，找到不同文化之间的共融点，在这方面，《绝对挑战》可以说进行了一些成功的尝试。国外的职场节目多是"取法乎下"的"救济"模式，立足于为弱势群体提供就业机会，用一句话概括，叫做"帮你找工作"。《绝对挑战》则别出心裁，在"共活""多赢"的现代商业理念的指导下，完成了"帮你找工作""教你找工作"的概念创意，强调栏目的教化职能，这种创意无疑是与我国的就业形势、与中央电视台的地位相适合的。《绝对挑战》节目的价值，不是体现在具体的就业服务上，而是在于其倡导的就业理念。文化传统是一个社会的敏感神经。正面刺激可以让节目创制者受益匪浅，而负面刺激则可能产生摧毁性的力量。或许让心理学家、社会学家、文化研究学者等专家参与节目策划或在节目策划之中给予一定的专业指导，是预防"水土不服"的可行办法。毕竟他们可能对社会、文化具有更敏锐、更深层的洞察（孙宝国，2007）。

四、未来的发展模式——后二次创新（阶段四）

目前中国的电视媒介产品的发展还没有到达这一阶段，但已经有了发展的基础，这必然是跨文化传播背景下未来中国电视发展的方向。在这一阶段，创新活动始于对国际上的新兴产品甚至是实验室产品的引进（即第二类技术引进）。它通过自主 R&D 的早期参与实现以我为主的对标准的一次创新过程的切入。发达国家十分重视这一类创新。这是一种低风险、花费少、高效的创新方式。在这种创新方式下，最新技术和产品信息的及时获取至关重要。但这是以具备高水平的 R&D 能力和先进的生产能力为前提的，这一点往往是发展中国家难以达到的。显然，这类创新可称为"后二次创新"。这是二次创新向一次创新动态移动的过渡阶段，也是一国产品创新能力发生飞跃的准备阶段。

五、结论与对策

综上所述，在跨文化传播中，将国外的媒介产品、技术和理念与本土化的电视文化和受众需求融合起来，才是中国电视媒体发展的可行之道。这一条道路正是"二次创新"的模式之路，图1中所总结的：在传播全球化和文化大融合的环境下，拒绝外来文化，盲目抵制所谓不适合中国国情的精神文化产品，是没有出路的；而全盘被动地接收先发国家的文化传播产品，也将导致本国媒体和媒介产业的衰落。然而作为在传播业属于后发国家的中国媒介产品的全球竞争力总体水平不高，不可能采取一步到位的发展路子，而只能是在着眼于全球传播与文化市场趋势与需求的基础上，学习别人的先进经验，采取适合中国本土化要求的"二次创新"模式，才能后来居上。当然，每个企业都不能停留在"为学习而学习，为引进而引进"上，应根据创新过程的规律与特点，制定好发展路径，逐步争取演进到一次创新过程。

电视传播产业在先进传播技术已经得到普遍运用的今天，应该主动去接触、理解和吸收源头的信息，对于信息的源流应该有着必要的敏感和清醒。从美国的节目运作

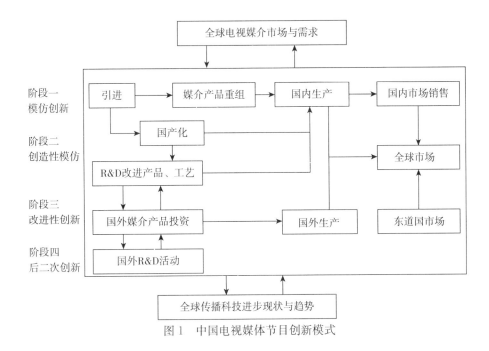

图 1 中国电视媒体节目创新模式

实践来看，美国的一些节目本身也在引进、借鉴其他国家的节目，中国湖南卫视《超级女声》的模仿对象《美国偶像》和众多竞猜节目的范本《百万富翁》本身就是从欧洲引进的节目形式，但是美国却把两个节目的影响扩大到具有世界性，这其中的原因令人深思，同样是引进与吸收，美国更多的是把节目做出了异质性而我们却往往走不出同质化的怪圈。为此，我们必须积极、主动地吸收外部文化的因子，保持清醒与开放的心态，跨越"中介"直接到源头去吸收能量和营养，这样既赢得了时间，同时也省去抽丝剥茧的繁琐过程，对于节目的核心理念能够清晰地认知，为节目形式及其理念的中国化打下基础。

另外，对引进节目中原片主题的准确阐释、立意的精确表达、形式风格的理解把握等都是要通过进行"中国化"式的语言转换和拆解来完成的。这个语言转换与拆解完成的好坏，直接关系到人们对引进节目的接受、理解和喜爱程度。"本土化"绝不应仅仅局限在节目外在样式的加工上，其还有一个十分重要的内容是对外来节目的思想内容进行"本土化"加工。因此，国外电视文化形态对于本土文化而言并不是致命的毒药，相反，情况往往是当一种文化形态进入某个民族地区时，其被当地的文化同化时，其就能产生出新的文化形态。MTV这种音乐电视形式进入中国，不但打开了中国流行音乐的新局面，而且使古老的戏曲、民歌以及其他的曲艺形式找到了新的表现形式，反而因此得以更新和保全。

要实行传媒企业的联合，以改善规模小，规模优势达不到的局面。电视传播业是具有规模优势的行业，规模太小，不利于发挥规模经济优势。要加强对国际经营人才的培养与引进。未来的竞争归根到底在于人才的竞争，目前中国在国际经营方面的人才比较缺乏，应采取措施吸引海外留学人员归国服务，同时加紧培养国内人才，最终形成适合创新组织后二次创新阶段的稳定的层级结构。

参 考 文 献

郭京京，吴晓波 . 2008. 产业集群的演进：二次创新和组织学习[J]. 科学学研究，(6)：12-15.

苗棣，王更新 . 2014. 纪实话语与戏剧结构——电视真人秀的叙事特点[J]. 现代传播(中国传媒大学学报)，(11)：24-26.

秦志希，单波，王瀚东，等 . 2003. "跨国跨文化传播"笔谈[J]. 武汉大学学报(人文科学版)，3：12-26.

萨默瓦 L. 2004. 跨文化传播[M]. 闵惠泉，等译 . 北京：中国人民大学出版社 .

赛佛林 W，坦卡德 J. 2006. 传播理论：起源、方法与应用[M]. 郭镇之，等译 . 北京：华夏出版社 .

孙宝国 . 2007. 关于电视节目形态的创新[J]. 现代传播，(2)：19-21.

孙晓宇 . 2009. 浅析真人秀节目的本土化制作及创新[J]. 当代电视，(7)：19-21.

吴晓波 . 1995. 二次创新的进化过程[J]. 科研管理，16(2)：27-35.

张忠仁 . 2010. 当前电视真人秀的传播困境与解决之道[J]. 现代传播(中国传媒大学学报)，(10)：35-37.

von Hippel E. 1988. The Sources of Innovation[M]. Oxford：Oxford University Press.

国外视频监控技术及其社会成效问题研究述评[*]

杨子飞

（杭州电子科技大学，浙江，杭州，310018）

摘　要　目前视频监控技术的扩张已经成为一个世界性现象，可以说"通过影像的治理"已经成为当代信息社会中信息化治理的普遍模式。然而国内学者对此重大问题的研究尚处于起步阶段，亟须借鉴国外学者的研究视野、研究方法和研究经验。我们可以把国外学者的研究大致概括为以下三个方面：首先，国外学者把视频监控技术看成现代权力技术的一部分，其本质是"对时空的超时空操纵"；其次，国外学者把导致视频监控扩张的原因归结为在安全文化的背景下政府、市场和媒体多方共同作用的结果；最后，国外学者还重点关注了视频监控技术的社会成效问题，包括视频监控技术在犯罪控制问题上的正面效果是有条件的，而在对公民隐私和自由可能造成的侵害，削弱社会行动的能力，产生新的社会排斥机制等负面社会效果上却是难以避免的。以上这些都为国内学者的进一步研究提供了有益的启示。

关键词　视频监控；治理；安全文化；犯罪控制；隐私；社会排斥

中图分类号：C919　　**文献标识码：A**

一、引　言

近年来愈演愈烈的美国监控丑闻震惊了全世界，国与国之间的监控（不管是同盟国

---

　　*　［基金项目］：本文是浙江省哲学社会科学重点研究基地浙江省信息化与经济社会发展研究中心项目"平安浙江监控化进程中的负安全效应防控研究"（15JDXX03YB）的阶段性成果。
　　［作者简介］杨子飞（1985—），男，浙江江山人，杭州电子科技大学讲师，浙江省信息化与经济社会发展研究中心研究员，哲学博士，主要从事信息社会理论研究。

还是敌国)、国家对普通公民的监控日益成为舆论关注的焦点。人们除了惊叹监控技术的无孔不入,更多地把矛头指向了美国政府的霸权主义行径,道德的谴责远远压过了理智的判断。然而,可以说被披露出来的监控行为最多只能算是冰山一角,监控并非只是网络的监控,监控也并非今天才有,美国也不会是这个世界上唯一一个实施普遍监控的国家。在广度和深度上,监控都已经远远超出了我们的想象,从生产到消费,从小区到广场,从现实世界到虚拟世界,处处都有监控设备,可以说,监控已经成为现代人日常生活中的一部分。甚至有社会学家指出,一个"全面监控"的社会正在逐步到来(Murakami and Webster,2009;Dandeker,1990)。

在这个"全面监控"的社会中,视频监控起着不可或缺的作用,相比于网络监控、通信监控,视频监控由于直接作用于人的行为,因而也更加直观、更加高效,成为世界各国进行社会治理,尤其是强化社会治安管理的首选"武器"。在打击恐怖分子,破获犯罪大案的过程中,我们屡屡看到视频监控技术发挥的突出作用。因此我们看到这样的现象:初步估计,在 2007 年年底全英国实际运作的视频监控设备将超过 420 万部,平均每个英国人就可以分配到一部监控摄像头,英国人在每一天的生活中,大约会被视频监控系统扫过 800 次(MaCahill and Norris,2003)。

相似的情况在我们国家也正在出现,甚至有过之而无不及。尤其是伴随着近年来"平安建设工程""天网工程""全国城市报警与监控系统建设试点工程"在全国范围内的展开和深化,并进一步向智慧城市转型,视频监控摄像逐步进入了社会生活的各个领域。根据一个全球性的电子咨询公司 IMS 的研究报告可知,中国在 2010 年就安装了超过 1 000 万个摄像头,广东在 2010 年年底在大街小巷安装了 100 万个摄像头,重庆全市在 2010 年安装 50 万个摄像头,北京有 40 万个,上海有 20 万个。

如此大规模的监控摄像头已经成为我们日常生活中无法忽视的一部分,自然也会引起学者们的思考和关注。但遗憾的是,经过文献的梳理,我们发现当前国内学者对视频监控问题的研究才刚刚起步,要么是绝大多数理工科背景的学者专注于视频监控技术在平安建设中的应用与落实问题,如《监控联网平台在平安城市中的实战应用》和《平安城市监控系统建设中的组网问题》等;要么就是社会科学背景的学者往往停留在一些抽象的、大而化之的问题层面,如关心视频监控技术给民众带来的安全感、满意度,或者更多的是关心视频监控技术带来的隐私安全问题,分析视频监控技术危及隐私权的技术性、社会性原因,试图寻找平衡视频监控技术带来的隐私危害与安全效应的途径(李晓明,2010;王俊秀,2006;余德旋,2011)。

总体而言,目前国内学者的研究为我们展现了视频监控技术所必须面对的安全与隐私的艰难平衡问题,这种规范层面的讨论可以使我们避免在认识上和实践上走极端的情况。但是，这种研究在三个问题上明显不足：一是缺乏开阔的视野，想当然地假设视频监控技术一定能够带来治安的改善和安全感的提升，没有看到视频监控技术除了会带来侵犯隐私权的问题，还有可能造成其他社会问题；二是比较笼统，缺乏深入、细致的分析方法和分析工具，没有办法以结构化的方式将视频监控技术对社会和个人的影响清晰、完整地呈现出来；三是过分关注理论性的、规范性的层面，缺乏充分的经验研究和数据支持。很显然，为了提升国内学界对视频监控技术的社会成效问题的研究水平，以便更好地指导和规范国内平安建设、视频监控系统建设，我们迫切需要向国外学者学习，学习他们的研究视野、研究方法和研究经验。

因为相比国内学界而言，国外学界尤其是西方社会早在 20 世纪 80 年代中后期就迈出了平安城市建设的步伐，架设了规模庞大的监控摄像头。因此，西方学者很早就开始讨论视频监控技术及其社会成效问题，涌现了一大批颇具借鉴意义的理论成果。本文的目的就是尝试把近年来西方学界的理论成果大致概括为以下几个方面，并试图从中获取推进国内学者研究的有益启示。

二、视频监控技术的本质：对时空的超时空操纵

首先，国外学者关注的焦点是如何认识视频监控技术，这虽然是一个理论色彩极强的问题，但它却是我们看待一切有关视频监控问题的总源头，更是我们评估和引导视频监控技术发展的总依据。可以说，我们如何认识视频监控技术的本质，我们就如何评价视频监控技术的社会成效。国内学者在这一点上的研究几乎是一片空白，因此我们首先介绍这一方面的内容。

我们应该看到有一个区分是显而易见的，那就是"监控"不等同于"监视"，因为"监视"只是一个信息、情报的收集过程，因而是单向的，而"监控"则是一个"通过监视而实现控制"的过程，在监控的过程中，监视只是一个手段，而控制才是最终的目的。而且这种通过监视而实现的控制还不同于一般的控制，因为它不是对某种绝对静止的状态的追求，而是对某种相对平衡的动态的追求，这种相对平衡的动态就是秩序与安全，可以说，这是整个现代性社会都热切渴望获得的美好价值，更是整个信息社会里的基本文化主题。信息社会是流动的现代社会（相应地我们可以把工业社会称为固态的现代社会），一个流动的社会自然需要一个流动的秩序与安全，监控就是实现这一目标的最好手段（Webster and Robins，1989）。

然而，仅仅强调"控制"这一点并不足以区分早期现代社会（工业社会）和晚期现代

社会(信息社会)里的监控现象。事实上，监控问题进入学者的视野却是相当晚近的现象(Lyon，1994)，因为监控并非当代特有的现象，相反，它是与现代民族国家一起出现的，可以说监控技术正是现代权力技术的典型表现。电子通信技术的迅猛发展，导致了监控技术也出现了巨大的发展，甚至于改变了监控本身的技术特性。技术革新所带来的巨大社会影响，于此可见一斑。

毫无疑问，视频监控技术不同于以往任何形式的监控(甚至都难以被套上"技术"的称号)。总体而言，以前的监控技术是自然的，现在的监控技术是非自然的。具体而言，以前的监控是基于人的自然条件而展开的对于特定人的监控，是对物理身体的肉眼观察，因此从主体到对象、从过程到结果都是自然的。而现代视频监控技术则摆脱了(虽然并非完全摆脱)自然条件的束缚，不仅在监控手段上用先进科技设备取代了自然人，用"电子眼"取代了人眼，用"电脑"取代了"人脑"，而且在监控对象上也不再针对具体的、特定的个人，而是针对普遍的个人。普遍的个人实际上就只是人的要素或符号，如某个脸部特征或某种行为标志(Dubbeld，2003)。更重要的是，视频监控技术不再针对物理的人本身进行监控，包括监控者和被监控者在内的所有人都被从特定的时空中抽离出来，被转化成为以"0"和"1"为基本代码的二进制数据流，然后被储存、加工和整理。这就意味着某个人此时此地的行为将被永远(只要有这个需要)记录，并且随时准备着在另一个时间和地点接受搜索和检视。遗忘和隐匿成为了大规模监控时代的奢侈品。时间和空间这两个本来最富自然属性的东西，现在被电子监控技术任意切割、拼凑了，很自然的，对于人来说最自然的自己的身体以及由自己的身体所承载的行为也远离了自身，成为了被操纵的对象。所以说，对时空的超时空操纵就是电子视频监控技术区别于所有其他监控技术的根本特征。

尤其是电子监控技术的自动化，更是将这一本质推向了极端。自动化是未来电子监控技术发展的基本方向，并且已经在目前的实际运用中部分地变成了现实，如 IBM 公司设计的智能监视系统不仅能自动监视特定现场，还能够自动管理监视数据，执行基于事件的自动检索，最后通过标准的网络设施进行实时自动报警。这正是自动化技术给监控技术带来的巨大改变：在监控技术还停留在人工或半自动化水平的时候，监控活动还是深深地受到人的自然有限性的制约，使监控的持久性和广泛性大打折扣，进而也就很容易出现监控的漏洞。然而当监控日益朝着自动化的方向发展之后，监控系统就像是一只"永不闭目的眼睛"(Macnish，2012)，永不停息地监视着它所能触及的所有角落。在这种情况下，不仅监控能力得到了空前的提高，而且监控性质也发生了根本性的变化：以前作为特殊状态或紧急状态出现的监控行为变成了一个常规行为，以前专注于对结果的监控，现在则变成了对行为过程的监控。

如此一来，基于电子信息技术的视频监控技术就实现了一个现代社会的普遍愿望，那就是"去看到全部，知道全部，在每一个时间，每一个地点"(Virilio，1998)。市民被预期要持续地被照射，也就是变得可见。无处不在的摄像头、扫描仪等就像是现代启蒙运动所宣扬的那束光，照亮像剧院、街道等公共领域一样，照亮那些私人领域，借着驱散所有的黑暗，以获得社会的整体影像(Lyon，2001a)。我们可以把这种治理模式称为"通过影像的治理"，试图通过操纵影像而非操纵个体来实现社会治理的目标，毫无疑问，这是信息社会的特有产物，更被普遍认为是通过信息化手段，即对时空的超时空操纵来使信息社会社会秩序与公共安全得到根本保障(Virilio，1995)。

三、视频监控扩张的原因

对于这个正在形成中的"监控社会"，社会学家尝试从不同的角度探究其形成的原因和机理。最早也是最著名的学者当然要属米歇尔·福柯，他从"权力物理学"的角度证明了伴随着规训的普遍化必然出现的监控的普遍化，只有无所不在的监控才能使一切隐而不显的事物变得昭然若揭(福柯，2003)。福柯虽然没有看到监控技术在信息化高度发达的今天所出现的最新进展，但是他的影响却极其深远，可以说其后西方社会讨论"监控社会"的理论都是在福柯理论基础之上发展与延伸的。

首先，国外学者认为视频监控技术的扩张是"安全文化"的要求。我们的时代被称为风险社会时代，在这个社会中生存的人们处处感觉到弥漫于社会生活中的种种不安，如失业、贫穷、通货膨胀等。以至于我们随之形成了一种社会文化，叫"安全文化"，这种文化不断唤醒人们内心中的不安全感，塑造一种普遍性的安全强迫症，迫使人们不断采取各种手段保障自身的安全(Doty et al.，1991)。本来人们可以借助政府之手来缓解这种日益严重的不安全感，但是，由于风险社会里的风险因素不是个人或某个具体部门造成的，而是社会性、系统性的，即并不是单靠政府作为能够解决的。在人们对于政府的能力已经基本失望之后，就转而渴望借助以视频监控为代表的监控技术来重造秩序(能否成功还有待确证)。此时，视频监控技术被赋予了控制社会风险的特殊使命，可以说，"风险社会"的反面就是"监控社会"(Norris，2012)。

其次，国外学者认为视频监控技术的扩张是国家维持社会团结的产物。社会团结是任何一个国家渴望和需要的，没有它任何一个国家都无法得以维系。美国"9·11"恐怖袭击事件之后，以美国为代表的西方国家普遍推行监控技术的扩张，对恐怖的渲染已经成为一个理想的社会黏合剂，也成为监控扩张的正当理由。其中一个针对美国公民的调查显示,对恐怖袭击有着高度恐惧感的公民比那些恐惧感较低的公民更加支持政府采取强硬的安全措施,哪怕这样需要限制他们的自由和公民权利。美国总统奥巴马也说:"你不能在拥有百分之百安全的情况下同时拥有百分之百隐私、百分之百便利。"(Davis and Brian,2004)甚至有学者认为,伴随着大规模监控社会的逐步到来,当年霍布斯笔下的"利维坦"已经获得了新生(Vlcek,2008),并且比霍布斯所设想的还要有过之而无不及。这是因为霍布斯笔下的"利维坦"只能靠暴力来维持团结,而一个借着监控挺立起来的"利维坦"虽然看不到血腥和暴力(实际上依然有),但无所不在的摄像头正在成为国家权力的末梢神经,嵌入社会生活的各个角落。如果说以前的利维坦是需要闭眼休息的,因而注定是有权力的空白和盲区的,那么,借用先进监控科技武装起来的"利维坦",具备了一双"永远不需要闭合的眼睛"(Macnish,2012),持续监视着作为傀儡的社会以及作为社会成员的每一个个体。其简单逻辑就是:越是恐惧,越是监控,越是监控,越是恐惧,越是恐惧,越是团结。

再次,国外学者认为视频监控技术的扩张是市场追逐利润的产物。伴随着一种普遍的不安全感被生产出来,它导向了一种新的消费形式,即对保护的消费。而视频监控设施就是最主要的保护消费产品(Virilio,1986)。"你的店铺安全吗?如何避免有人在你的店里顺手牵羊你希望社区的安宁获得保障吗?请多雇佣两个保安。你希望走在安全的街道上吗?请多购买并且装设一架监视器"(Bauman,2001)。所以我们看到了这样一个现象:全球监控设备市场在不断膨胀,英国在 20 世纪 90 年代初闭路电视监控系统(closed-circuit television,CCTV)市场大概在 1 亿英镑,到了 90 年代末达到 3.61亿英镑左右,到 2002 年,年均增长率达到 14%~18%(Keynote,2003)。另外据 IM-SResearch 公司可知,到 2014 年,全球视频监控设备市场总额超过 140 亿美元,年均增长率超过 30%。可以说,监控已经成为一个"繁荣的产业"(Germain,2013)。在消费时代的浪潮里,安全已经成为仅次于物质、符号的消费品,而为了刺激人们对于安全的消费欲望,就必须在消费者心中唤起无穷尽的恐惧。以前,我们因为饥饿所以购买粮食,现在,我们因为恐惧,所以购买摄像头。

最后,国外学者认为视频监控技术的扩张是媒体追逐眼球的结果。Mathiesen(1997)认为监控社会的扩张与大众传媒的推动息息相关,因为监控与电视同样都是所谓"观察者社会"(viewer society)的结构,只不过监控是少数人观看多数人,而电视是多数人观察少数人。媒体与视频监控不仅在结构上相似,而且在利益上也有亲和性,至少有以下三个理由可资佐证:一是,在新闻娱乐化的时代里,媒体渴望获得"一个个好的新闻故事",进而才有可能充分吸引读者的眼球。而监控视频所提供的资料就是最好的新闻素材,尤其是那些带有暴力情景的犯罪场面,更是被记者们认为具有很高的新闻价值（Reiner，2002）。二是，新闻力求客观性，越是被认为客观，越是具有感染力和说服力。而视频监控所提供的影像资料，尤其是当前非常流行的高清视频资料，更是大大增强了新闻故事的直接性和真实性，给观众一种身临其境的现场感（Jewkes，2004）。三是，媒体向来被认为是自由社会的眼睛，被赋予了舆论监督的神圣职责。既然要监督，就要求公开、透明，而监控技术的扩张正是为"完全透明社会"的到来扫清技术障碍（Bryant，1978）。由此可见，媒体与视频监控技术的扩张是相互利用、相互促进的。

　　总结起来，国外学者认为视频监控技术的扩张是一种复杂的社会心理因素作用的结果，即在一种安全文化（实际上是恐惧文化）的主导下，政府、企业、媒体各方相互操纵恐惧心理，共同引导民众将希望寄托在视频监控技术的扩张上，希望通过技术的手段换取安全感。显然，大部分国外学者都对此抱有强烈的怀疑倾向，它提醒我们去思考，技术到底能否给我们带来安全？这一问题的答案可能比国内学者所估计的要消极得多。

四、视频监控技术的社会成效

　　国外学者除了关心视频监控技术的本质和视频监控技术扩张的原因这两个问题之外，还把大量研究精力放在了视频监控技术的社会成效问题上。其成功又可以分成正面的和负面的成效两个方面。

　　国外学者有条件地承认了视频监控技术在改善社会治安、威慑犯罪分子方面具备一定功能。众所周知，犯罪控制以及由此带来的治安改善是人们赋予视频监控技术最大的使命，大多数人都将它当成一个毋庸置疑的事实接受下来，好像视频监控技术一定能够带来犯罪的减少和治安的改善。但是很多国外学者并没有接受这种教条思维，而是认真追问了视频监控技术是否以及在多大程度上降低了犯罪率，如果有，其表现如何，如果没有，其原因何在。

　　大多数学者并没有全然否认视频监控技术的犯罪控制效果，只不过他们发现，视频监控技术有一种犯罪类型选择的特殊倾向，即它只适用于特殊类型的犯罪。实证研究表明，视频监控技术的确能够有效降低财产性犯罪（如盗窃、抢劫等）的发生率，但是它对于暴力犯罪，尤其是性侵犯犯罪却几乎无能为力（Brown，1995）。还有学者通过变化CCTV的使用场景发现，CCTV的引入能够在控制犯罪问题上取得令人满意的成效，尤其是在停车场的有关车辆犯罪的问题上，不过这种效果的取得是在采取了辅助措施之后才实现的，如增设路灯提高照明程度、增加巡逻等，而在那些没有相应辅助措施的场所，CCTV 的效果就比较差(Farrington and Welsh，2007)。

有学者尖锐地指出，视频监控系统根本不足以有效阻止恐怖袭击和犯罪案件的发生，监控的设置是用来事后破案而不是用来事前阻止(更不用说预防)犯罪的(Koskela，2000)。要知道绝大多数犯罪行为的整个过程都是在监控范围之内进行的，但它还是发生了，甚至可以说，某些犯罪的发生就是受到了摄像头的鼓励。尤其是恐怖袭击(如发生在英国和西班牙的两次恐怖袭击)，因为恐怖主义者正是希望借助摄像头来扩大其恐怖行为的社会影响力。

事实还远不止于此，有学者通过细致的实证研究发现，视频监控技术会带来"犯罪位移"，即有监控的区域犯罪率降低了，但没有监控的区域犯罪率却上升了(Cerezo，2013)。因此从犯罪总量上来说并没有发生太大的改变。还有学者认为监控带来了"犯罪变型"，即监控降低了较简单的、较低智商的犯罪，但同时也催生了高智商的犯罪(Felson，2011)。新技术催生出来的新犯罪将对社会秩序构成新的严重的挑战。

如此看来，西方学者对于视频监控技术的犯罪控制功能的预期是比较谨慎的，人们至少在如下观点上的立场是一致的，即视频监控技术的犯罪控制这一正面社会功能是有限定性条件的，这些条件包括犯罪类型、犯罪场地、辅助设施等。

除了证明视频监控技术的正面社会功能是有条件的之外，国外学者也更多地把注意力集中在视频监控技术的负面社会效应上，具体包括以下几个方面。

首先，国外学者关注最多、讨论最多的就是电子监控技术对于公民隐私权的危害问题。人们已普遍认识到视频监控技术的发展将改变隐私的含义(Boyle，1996)，甚至最终导致"隐私的终结"(Whitaker，1999)。传统的隐私权观念认为"隐私权止于屋门之前""公共场所不存在隐私利益""一旦某件事情被暴露给大众之后，就不再被视为隐私"。但是视频监控技术的引入已经使私人领域与公共领域之间的界限变得日益模糊，整个社会都变成了一个完全的、透明的空间(Bryant，1978)。也就是说，在信息时代、监控社会里面，人们不得不重新思考隐私伦理。

其次，国外学者也把公民自由作为批判电子监控技术的重要价值根基。绝大多数学者在研究视频监控技术时，都会很自然地联想到两个极富象征意义的符号：边沁(2000)的"圆形监狱"和奥威尔(2010)的"老大哥"。如果说前者还受到监控者自然条件的限制，后者还只是思想者头脑中构想的"反面乌托邦"，无法变成现实，那么，在视频监控技术快速发展的今天，人们很自然地会认为通往极权社会的技术障碍已经被扫除了(Reiman，1995)。

再次，国外学者还认为视频监控技术削弱了公共空间的公共感，进而削弱了社会集体行动的能力。人们一直以为公共空间的重要价值在于：通过不断地交往互动，可以消弭人与人之间的差异，增进相互的了解信任，甚至减弱不同阶级的怨恨，最终能够促成社会集体行动的产生。但是，视频监控技术把一种模糊性引入公共空间之中，它削弱了人们清楚地理解该空间的社会处境并正确做出行为安排的能力，因为他们不仅要对在场的人表演，还要为那些不知名的不在场的人表演（Patton，2000）。更重要的是，视频监控只是一种单向度的信息传播，而不是相互的沟通，说到底是一种制度化的偷窥行为，它将催生社会主体之间的相互不信任感（卡佛特，2003）。这对社会集体行动的能力是一种釜底抽薪的伤害。

最后，国外学者还认为视频监控技术会带来新的社会排斥。这是因为视频监控技术的运用是基于对人类行为的社会分类（social sorting），而这种分类绝非完全中立的，相反它势必含有某种特殊的价值倾向，这就会导致对某类特殊群体（如无家可归者、精神病患者、黑人等被称为"不受欢迎的个体"）的歧视和排斥（Lyon，2001b）。进一步说，视频监控系统带来了一种"选择性监视"，对于监控者来说，什么东西是被选择的、被监视的，完全建立在狭隘甚至偏见的标准之上（Williams and Johnstone，2000）。这是一种新的被技术强化了的社会排斥机制，也是一种新的社会不平等。

总而言之，现有国外学者的研究成果表明，视频监控技术的正面社会效果是有条件的，而其附带产生的负面社会效果却是必然的，因而是不可忽视的。它造成的问题也许比它解决的问题还要多。如果事实果真如此，那么我们对待视频监控技术的态度和方法就应该做出相应调整。这就需要我国学者根据我国国情做出自己的判断。

五、结语及启示

总体而言，国外学者对于视频监控技术及其社会成效问题的研究是广泛而深入的。它山之石，可以攻玉。我们总结国外学者的研究成果，目的是借鉴国外学者的研究成果，结合国内视频监控发展的社会现实，运用理论研究与实证研究相结合，提炼出符合本土国情的概念和理论，推动国内有关视频监控技术的学术研究，为国内视频监控实务的发展提出有益的建议。为此，我们将国外学者的研究成果对我们的启示概括为以下三个方面。

首先，我们要有更开阔、更完整的视野，只有视野开阔了，我们才能看到原先看不到的问题。我们要突破教条观念的束缚，不能想当然地认为视频监控技术一定能够带来社会治安的改善和民众安全感的提升。我们应该认真对待以下问题，"通过影像的治理"是否可行,依靠技术的革新是否真的能够带来更多的安全感。只有这样,我们才能面对真正的问题,推进我们的研究工作,而不是停留在喊喊口号的层次。

其次,我们要掌握一些分析方法,并巧妙运用一些概念工具。概念是社会科学的基本工具。国外学者的研究在理论上给我们提供了丰富的概念工具,如监控社会、安全文化、犯罪位移、选择性监视等概念,为我们理解当前的社会现实提供了有益的启示。我们一方面要借鉴这些已有的概念来分析中国的视频监控社会现象,另一方面也要有足够的勇气结合自己的国情、创造自己的概念。只有这样我们才能推动我们的研究工作向更深层次发展,甚至有朝一日能够贡献于国际社会。

最后,我们还要做更多更扎实的实证调查,积累更多的经验数据。国外学者有关视频监控技术的社会成效研究,无不是在大量的经验数据支撑之下进行的,他们除了各自的调查之外,还有共享的数据库,这就使他们的研究成果更具说服力,也更有现实的针对性。这在当前的国内学界是非常欠缺的。

当然,并非国外学者的研究都是无可指摘的。实际上,国外学者对于视频监控技术的负面社会效果的强调深受西方意识形态的影响,在根深蒂固的个人主义传统影响下,对个人权利的保护被放到了至高无上的位置。这不仅会使他们的研究并不具有严格的客观性,还会使他们的研究批判有余,而建设不足,而不会对于视频监控技术的发展产生多大的积极影响。笔者认为,一方面我们当然承认批判是学术工作的本分,只有批判才能够找对问题、找准问题,才能够使我们的研究有意义(不管是理论的意义还是现实的意义),因此笔者认为国内学者未来的相关研究应该更多地把注意力放在视频监控技术的负面社会效果上;另一方面,我们要克服国外学者的个人主义倾向,要努力在个人权利与社会公益之间寻求平衡,同时还要在批判与建设之间寻求平衡,不但要指出问题的所在,更要指出如何解决问题。只有这样,我们才能够居安思危,深入地反思视频监控技术的发展,并为引导视频监控的健康发展提供智力保障。

参 考 文 献

奥威尔 G. 2010. 一九八四[M]. 董乐山译. 上海:译文出版社.

边沁. 2000. 道德与立法原理导论[M]. 时段弘译. 北京:商务印书馆.

福柯 M. 2003. 规训与惩罚[M]. 刘北成,杨远婴译. 上海:生活·读书·新知三联书店.

卡佛特 C. 2003. 偷窥狂的国家[M]. 林惠琪,陈雅汝译. 台北:商周出版社.

李晓明. 2010. 论公共视频监控系统对公民隐私权的影响[J]. 法学杂志,(11):24-28.

王俊秀．2006．监控社会与个人隐私：关于监控边界的研究[M]．天津：天津人民出版社．

余德旋．2011．论视频监控对公民权利之影响：以公共场所隐私权为例[J]．电子知识产权，（11）：65-71．

Bauman Z. 2001. Community：Seeking Safety in a Insecure World[M]. Cambridge：Polity Press.

Boyle J. 1996. Shamans，Software，and Spleens[M]. Cambridge：Harvard University Press.

Brown B. 1995. CCTV in Town Centers：Three Cases Studies[M]. London：Home Office Police Research Group.

Bryant C. 1978. Privacy，privatisation and self-determination[A]//Young J B. Privacy[C]. London：Wiley Press.

Cerezo A. 2013. CCTV and crime displacement：a quasi-experimental evaluation[J]. European Journal of Criminology March，10(2)：222-236.

Dandeker C. 1990. Surveillance，Power and Modernity：Bureaucracy and Discipline from 1700 to the Present Day[M]. Cambridge：Polity Press.

Davis D W，Brian D S. 2004. Civil liberties vs. security：public opinion in the context of the terrorist attacks on america[J]. American Journal of Political Science，48(1)：28-46.

Derian J D. 1998. The Virilio Reader[M]. Malden：Blackwell Publishing.

Doty R，Peterson B，Winter D. 1991. Threat and authoritarianism in the United States[J]. Journal of Personality and Social Psychology，(61)：629-640.

Dubbeld L. 2003. Observing bodies：camera surveillance and the significance of the body[J]. Ethics and Information Technology，(5)：151-162.

Farrington D P，Welsh B C. 2007. Closed-Circuit Television Surveilance，Preventing Crime：What Works for Children，Offenders，Victims and Places[M]. New York：Springer.

Felson M. 2011. Routine activities and transnational crime[J]. International Crime and Justice，(12)：11-18.

Germain S. 2013. A prosperous'business'：the success of CCTV through the eyes of international literature[J]. Surveillance & Society，11(1)：134-147.

Jewkes Y. 2004. Media and Crime[M]. London：Sage.

Keynote. 2003. Closed-Circuit CCTV：Market Report 2003[M]. Teddington：Key Note Ltd.

Koskela H. 2000. 'The gaze without eyes'：video-surveillance and the changing nature of urban space[J]. Progress in Human Geography，(2)：243-265.

Lyon D. 1994. The Electronic Eye：The Rise of Surveillance Society[M]. Cambridge：Polity Press.

Lyon D. 2001a. Surveillance Society：Monitoring Everyday Life[M]. Buckingham：Open University Press.

Lyon D. 2001b. Facing the future：seeking ethics for everyday surveillance[J]. Ethics and Information Technology，(3)：171-181.

MaCahill M, Norris N. 2003. Estimating the Extent, Sophistication and Legality of CCTV in London [M]. Leicester: Perpetuity Press.

Macnish K. 2012. Unblinking eyes: the ethics of automated surveillance[J]. Ethics Information Technology, (14): 151-167.

Mathiesen T. 1997. The viewer society: Michel Foucault's 'panopticon' revisited[J]. Theoretical Criminology, 1(20): 215-234.

Murakami W D, Webster C W R. 2009. Living in surveillance societies: the normalisation of surveillance in Europe and the threat of Britain's bad example[J]. Journal of Contemporary European Research, 5(2): 259-273.

Norris C. 2012. The success of failure: accounting for the global growth of CCTV[A]// Ball K, Haggerty K D, Lyon D L. Routledge Handbook of Surveillance Studies[C]. London, New York: Routledge.

Patton J W. 2000. Protecting privacy in public? Surveillance technologies and the value of public places [J]. Ethics and Information Technology, (2): 181-187.

Reiman J. 1995. Driving to the panopticon: a philosophical exploration of the risks to privacy posed by the highway technology of the future[J]. Santa Clara Computer and High Technology Law Journal, 11(1): 27-44.

Reiner R. 2002. Media Made Criminality: The Representation of Crime in the Mass Media[M]. Oxford: Oxford University Press.

Virilio P. 1986. Speed and Politics: An Essays on Dromology[M]. New York: Columbia Press.

Virilio P. 1995. The Vision Machine[M], Bloomington: Indiana University Press.

Virilio P. 1998. A travelling shot over eighty years[A]//Derian J D. The Virilio Reader[C]. Malden: Blackwell.

Vlcek W. 2008. A leviathan rejuvenated: surveillance, money laundering, and the war on terror[J]. Int J Polit Soc, (20): 21-40.

Webster F, Robins K. 1989. Plan and control: towards a cultural history of the information society[J]. Theory and Society, (8): 323-351.

Whitaker R. 1999. The End of Privacy: How Total Surveillance Is Becoming a Reality[M]. New York: The New Press.

Williams K S, Johnstone C. 2000. The politics of the selected gaze: closed circuit television and the policing of public space[J]. Crime, Law and Social Change, 34(2): 183-210.

移动阅读用户持续使用意愿影响因素研究
——以图书平台类 APP 为例[*]

杨根福

（杭州电子科技大学，浙江，杭州，310018）

摘　要　近年来，移动阅读服务中用户的满意度和使用黏性受到了广泛的关注。文章在梳理了移动阅读产品与其服务的特点后，基于期望确认模型和信息系统成功模型，构建了移动阅读用户持续使用意愿影响因素研究模型。并通过结构模型验证，得到了以下结论：一是扩展后的期望确认模型适用于移动阅读情境；二是用户满意度和感知有用性仍是持续使用意愿的关键影响因素；三是用户在阅读过程中的分享、转发和评论等社交化互动服务对用户满意度没有显著影响，而移动阅读服务的内容质量、界面定制、个性化服务等功能对用户满意度有显著影响，并通过满意度对持续使用意愿产生间接影响。

关键词　移动阅读；期望确认模型；满意度；持续使用意愿；图书平台类 APP

中图分类号: C931.6　　**文献标识码:** A

一、引　言

随着移动互联网技术和移动终端设备的快速发展，移动互联网用户规模不断扩大，移动社交、移动搜索、移动阅读、移动电子商务、移动游戏等移动服务层出不穷。而在众多移动服务当中，移动阅读服务因其便捷性、即时性、不受约束性等特点日益成

---

* [基金项目]：教育部人文社会科学基金项目"社会化阅读用户持续使用模型实证研究"（项目号：14YJEZH002）。

[作者简介]杨根福，男，杭州电子科技大学数字媒体与设计学院副教授，研究方向：新媒体传播与受众研究。

为大众获取信息、学习知识、娱乐休闲、交流思想的最常用的移动应用之一(CNNIC, 2014)。根据易观智库发布的数据可知,到 2014 年年底中国移动阅读活跃用户数达到 5.9 亿(易观智库,2015)。另据速途研究院发布的数据显示,到 2014 年第三季度,移动阅读类 APP 的下载量在各类手机 APP 中仅次于游戏的,位居第二,移动阅读整体呈向上发展的趋势(速途网,2014)。

当前,随着移动阅读发展的日渐深入,移动阅读在用户群体、产品和服务上出现了一些新的特点。首先,移动阅读用户年龄有变化。数据显示,2013 年,25~35 岁年龄段的移动阅读用户比例有较大幅度的提升,其中 25~30 岁的占 36%、31~35 岁的占 19%(较 2010 年的 5%有较大幅度的提高),两者之和达到了 55%,使移动阅读的用户群体有了更广泛的基础(张立,2014)。而且,这些用户进入职场多年,具有相对较高的消费能力,他们的消费特点和阅读习惯值得关注。其次,从产品和服务上看,移动阅读服务在阅读界面设计、定制化设置、内容聚合与个性化推荐、阅读社会化互动等服务上不断进行创新,呈现出了一些新的特点。一是内容聚合性。移动阅读服务商将各类阅读内容聚合在一个平台上,使用户有了更多的选择。根据艾瑞咨询集团(2015)发布的 2014 年的调查数据,新闻聚合类和图书平台类 APP 最受用户欢迎,分别占阅读类 APP 的 47.7%和 45.5%。二是个性化推荐。移动阅读服务商根据阅读平台上积累的用户阅读行为、社交行为等大数据信息,通过数据挖掘及精准的个性化推荐算法,提取用户感兴趣的内容,并推荐给用户。例如,一些阅读应用中推出"猜你喜欢""重磅推荐""阅读排行榜"等服务。三是社会化互动。用户在阅读过程中可以对自己喜欢的内容进行评论、点赞,实现人书互动,或参与阅读社区与其他用户进行交流与讨论,或通过转发、分享等实现社交化互动传播,移动阅读进入社会化互动阅读的模式(杜建华,2013;毕秋敏,2013)。

移动阅读服务商在产品与服务上所做的创新是否能得到用户的认可?能否提高用户黏性?海量内容、界面设计、个性化推荐、社会化互动等新特征对用户阅读体验的影响如何?孰轻孰重?用户群体的变化是否会产生新的阅读需求与行为?为了对以上问题进行探索,本文以期望确认模型(expcetation-confirmation model,ECM)为基础,综合当前移动阅读服务的内容聚合性、个性化、社交化等特点,构建研究模型,提出理论假设,以期对移动阅读服务用户持续使用行为进行预测和解释,为移动阅读的进一步发展提供决策参考。

二、理 论 基 础

(一)期望确认模型

期望确认模型是由 Bhattacherjee(2001)在期望确认理论的基础上提出的信息系统持续使用理论模型。Bhattacherjee(2001)通过对网上银行用户的研究证明了满意度和感知有用性(即使用后的感知信念)对用户持续使用意愿有直接影响,而期望确认则通过感知有用性和满意度对持续使用意愿产生间接影响。Hong 等(2006)在移动数据服务的研究中,通过引入感知风险、感知趣味性作为使用后的感知信念对期望确认模型进行扩展,并证明了模型的有效性。在随后的研究中,Bhattacherjee(2001)的信息系统持续使用理论在不同的领域得到了证明,如在开源软件开发系统(Wu et al.,2007)、移动互联网服务(Thong et al.,2006)、网络学习系统(Liao et al.,2009)和移动商务(盛玲玲,2008)等领域。

在移动阅读领域,杨梅(2009)基于技术接受模型(technology acceptance model,TAM)分析了移动电子图书的用户接受行为,发现 TAM 对移动电子书用户接受行为有很好的解释力。刘鲁川和孙凯(2011)基于期望确认模型,引入界面设计、阅读内容、转换成本等变量对期望确认模型进行了扩展,分析了移动数字阅读用户持续使用行为的影响因素,结果显示阅读内容是吸引与保持用户的关键,内容会影响用户对有用性的认知,初始采纳后用户阅读的体验会进一步强化有用性的感知和期望确认,从而促使用户继续使用,但转换成本对用户持续使用意愿没有显著影响。陈丹和程小雨(2013)、张璇和吴清烈(2010)等学者从移动媒体设计的角度对移动阅读用户使用行为进行了分析,结果表明移动媒体的设计特征会影响读用户的满意度及持续使用意愿。

综上所述,尽管学者基于期望确认模型探讨了电子书、手机阅读等数字化阅读用户的持续使用行为,但仍存在以下不足:①虽然感知有用性被证明是影响用户持续使用意愿的最主要因素,但以打发时间、娱乐休闲、获取资讯等浅阅读和碎片化阅读为主的移动阅读的有用性和其他以功利性为目的的信息系统有用性在内涵上存在一定的差异,除了感知有用性之外可能还有其他的影响因素。②移动阅读服务商倾力打造的平台聚合、个性化、社交化互动等新的功能,在吸引和保持用户方面是否有促进作用还有待商榷。因此,我们认为有必要在期望确认模型的基础上,结合移动阅读的新特征进一步讨论移动阅读用户的持续使用行为。

(二)信息系统成功模型

DeLone 和 McLean 在 1992 年提出了信息系统成功模型，他们认为信息系统输出的信息质量、系统的稳定性、功能性、数据质量、可操作性等系统质量以及系统所提供的相关服务会影响用户的满意度和实际的使用(DeLone and McLean，2003)。在后续的研究中，Lee 和 Chung(2009)将信息系统成功模型用于移动银行服务用户行为的研究，分析了移动银行的系统质量、信息质量和界面设计质量对用户信任和满意度的影响，结果显示，移动银行的系统质量和信息质量对用户的信任和满意度的影响达到显著水平，而界面设计质量的影响却不显著。胡莹(2013)在移动微博用户持续使用行为的研究中，引入信息质量、系统质量、服务质量三个变量对期望确认模型进行了扩展，研究结果显示移动微博的信息质量、系统质量、服务质量因素对用户满意度有显著影响，并进而影响用户的持续使用意愿。而在移动阅读领域，目前还没有学者将信息系统成功模型应用在用户持续使用意愿的研究中。

三、理论模型及假设

(一)理论模型

基于以上分析，本文提出了移动阅读用户持续使用意愿影响因素研究模型，如图 1 所示。模型以期望确认模型为基础，参考前人的研究成果以及移动阅读的特点，引入了感知娱乐性、感知费用水平、服务质量、界面质量、内容质量五个变量对期望确认模型进行了扩展。首先，用户可以通过移动阅读平台获取图书资料及新闻资讯，阅读与学习或工作相关的内容，移动阅读对于用户有一定的功利性价值(感知有用性)；其次，用户在等车、乘车、等人等闲暇时间可以通过移动阅读打发时间，移动阅读对用户具有享乐性价值(相当于娱乐性、愉悦性等)；再次，用户在使用移动阅读的过程中，除了享有免费阅读的服务之外，对部分内容也需要支付货币成本(如收费章节或流量费等)，因此我们将感知费用水平(货币支出)引入模型中，作为用户使用移动阅读后的感知信念；最后，基于信息系统成功模型，将移动阅读应用的内容质量、界面质量、服务质量等要素引入模型中，其中内容质量对应信息系统成功模型中的信息质量，界面质量对应于信息系统成功模型中的系统质量，而服务质量则重点考察移动阅读个性化推荐服务和社交化互动服务对用户满意度和行为意愿的影响。

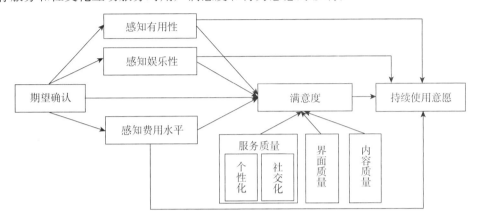

图 1 移动阅读用户持续使用意愿影响因素研究模型

(二)研究假设

期望确认是期望确认模型的关键变量之一，是指用户在使用某项信息技术或服务之前所产生的价值预期在使用后得到确认的程度。根据使用后的感知信念，用户将产生超过预期、达到预期和未达到预期三种确认状态。Bhattacherjee(2001)认为，用户对某项信息技术或服务的最初期望是影响他们对感知有用性信念的重要因素。盛玲玲(2008)以期望确认模型为基础，引入感知娱乐性、感知成本、感知易用性等变量对移动商务用户持续使用意愿进行研究，结果表明期望确认对用户感知娱乐性有显著正向影响。Hung 等(2007)、苏帆帆(2011)在移动阅读用户持续使用行为的研究中引入感知成本因素，结果显示期望确认对感知成本有显著正向影响。此外，Thong 等(2006)在信息技术用户采纳后行为的研究中证明了期望确认对用户满意度有显著正向影响。因此，做出如下假设：

H1：用户使用移动阅读服务后的期望确认对他们的感知有用性有显著正向影响。

H2：用户使用移动阅读服务后的期望确认对他们的感知娱乐性有显著正向影响。

H3：用户使用移动阅读服务后的期望确认对他们的感知费用水平有显著负向影响。

H4：用户使用移动阅读服务后的期望确认对他们的满意度有显著正向影响。

Davis(1989)在信息技术初始采纳的研究中证明了感知有用性和感知易用性是影响用户接受的主要因素。而 Bhattacherjee (2001)对信息技术用户持续使用意愿的研究表明，当用户初始接受信息技术后，随着使用经验的不断丰富、熟悉程度的提高，感知易用性不再是影响用户持续使用意愿的主要因素，其影响作用逐渐弱化而不显著，但是，感知有用性的影响依然显著。Hong 等(2006)在期望确认模型中增加了感知娱乐性变量，用以研究用户对网站的持续使用意愿，结果表明感知娱乐性对用户持续使用意愿有显著正向影响。因此，做出如下假设：

H5：用户使用移动阅读服务后的感知有用性对他们的持续使用意愿有显著正向影响。

H6：用户使用移动阅读服务后的感知娱乐性对他们的持续使用意愿有显著正向影响。

Luarn 和 Lin(2005)对移动银行以及 Kuo 和 Yen(2009)对 3G 移动服务用户持续使用意愿的研究，都证明了感知成本会对用户的持续使用意愿产生显著的负向影响。而在数字化阅读领域，戴和忠(2014)以中国移动数字化阅读平台为研究对象，通过大数据分析图书收费模式对用户持续购买图书行为的影响，结果表明数字化阅读用户持续阅读的意愿与付费阅读呈负向关系，如当阅读内容从免费模式跨越到收费模式时，实际阅读的用户数量呈现明显下降的趋势，这说明了用户对付费阅读有敏感性。因此，做出如下假设：

H7：用户使用移动阅读服务后的感知费用水平对他们的持续使用意愿有显著负向影响。

Inseong 等(2007)基于期望确认模型研究了移动互联网内容服务用户的持续使用意愿，结果表明感知有用性、感知成本和感知娱乐性对用户的满意度有显著正向影响。以提供内容服务为主的移动阅读服务，兼具了实用性和享乐性两种功能。首先，移动阅读服务能否为用户即时获取图书资料、新闻及专业信息提供便利对用户满意度有很大影响；其次，移动阅读作为帮助用户打发心情、发泄情绪、提供休闲娱乐的服务产品，用户在使用过程中享乐性需求得到满足，会产生愉悦感，从而提高用户的满意度。此外，用户在使用移动阅读服务的过程中所支付的货币成本，如手机流量费、图书购买费等费用支出会影响到用户的感知收益，感知收益越高，则满意度越高。因此，做出如下假设：

H8：用户使用移动阅读服务后的感知有用性对他们的满意度有显著正向影响。

H9：用户使用移动阅读服务后的感知娱乐性对他们的满意度有显著正向影响。

H10：用户使用移动阅读服务后的感知费用水平对他们的满意度有显著负向影响。

Bhattacherjee 等(2008)认为，信息技术用户通过对初始采纳后的期望确认，产生满意或者不满意，这些期望大多产生自外生影响因素，即类似于以提供内容服务为主的移动阅读服务，其内容信息的丰富性与个性化、界面设置、版面设计等外生变量是影响用户行为的重要因素。Chiu 等(2006)采用信息系统成功模型对互联网产品的成功进行了研究，他认为信息系统成功模型中的信息质量可用互联网产品的更新及时性、丰富性和可读性等变量来衡量，并且信息质量对用户满意度有显著的影响。Chiu 等(2006)研究中的互联网产品信息质量与移动阅读内容质量非常相似。移动阅读服务中内容在平台中聚合，海量丰富的内容及时更新能引发读者兴趣，从而强化用户满意度，促使用户持续使用。因此，做出如下假设：

H11：用户使用移动阅读服务后感知到的内容质量对用户满意度有显著性正向影响。

移动阅读的内容是通过电子屏幕呈现的，电子屏幕在界面的色彩、尺寸及阅读体验与传统纸质阅读存在较大差异，移动阅读应用的界面设计及功能设置等阅读体验会影响用户的满意度(Kuo and Yen，2009)。因此，大多数移动阅读服务提供商在阅读平台的界面设计上进行创新，如提供眼睛保护、仿真翻页等功能，以期提高用户的阅读体验。此外，为了让用户在海量的内容中快速找到自己喜欢的内容，大多数移动阅读服务商为用户提供平台订阅及个性化推荐服务。同时，通过移动阅读平台的社交化互动功能，用户可以随时随地、即时即刻进行分享、评论，并与其他用户进行交流、互动，进而强化用户的满意度(戴和忠，2014)。因此，做出如下假设：

H12：用户使用移动阅读服务后感知到的界面质量对用户满意度有显著性正向影响。

H13：用户使用移动阅读服务后感知到的服务质量对用户满意度有显著性正向影响。

H13a：用户使用移动阅读服务后感知到的个性化阅读服务对用户满意度有显著性正向影响。

H13b：用户使用移动阅读服务后感知到的社交化互动服务对用户满意度有显著性正向影响。

满意度是用户在使用了某个产品或服务后对产品或服务的综合评价，是用于解释用户对产品的忠诚度的重要指标。Inseong 等(2007)在信息技术用户采纳行为的研究中均证明了满意度是影响用户持续使用意愿的重要因素。因此，做出如下假设：

H14：用户使用移动阅读服务后的满意度对他们的持续使用意愿有显著正向影响。

四、模型实证分析

(一)研究对象与数据收集

在研究对象上,选择较具代表性的图书平台类 APP 移动阅读用户。因为根据艾瑞咨询集团(2015)发布的 2014 年中国数字阅读用户行为的调查数据,图书平台类和新闻聚合类 APP 最受用户欢迎,分别占阅读类 APP 的 45.5%和 47.7%。另外,图书平台类和新闻聚合类 APP 在提供的内容类型、收费模式、界面设置等服务上存在一些差异,分类研究将更有利于准确了解用户行为。为使研究更有针对性,我们参考了速途网(2014)和易观智库(2015)发布的 2014 年第三季度移动阅读市场竞争监测数据,选择掌阅 iReader、书旗小说、QQ 阅读、和阅读、91 熊猫看书、天翼阅读、安卓读书、多看阅读、塔读文学、起点读书、爱阅读、开卷有益、网易云阅读、乐阅、读书巴士、沃阅读共 16 个图书平台类 APP 的用户作为调查对象。在这两个机构发布的数据中,上述移动阅读 APP 占了 95%以上的市场份额,具有很好的代表性。为了保证问卷中各研究概念测量的信度与效度,我们通过对前人研究的梳理与总结,在测量项目上基本引用已有文献,并根据移动阅读的特征略进行调整。问卷设计采用 Likert5(1 分——非常不同意、2 分——不同意、3 分——一般、4 分——同意、5 分——非常同意)评分法。问卷经过访谈、小范围前测,修改后生成正式问卷,共 25 个题项。问卷调查通过问卷星在线调查平台,以有偿样本服务的方式采集数据。问卷共发放了 400 张,收回问卷 381 张,有效问卷 313 张,有效率 82.15%。

(二)数据分析

1. 样本人口统计学特征

在有效样本中,男性与女性用户占比分别为 51.4%和 48.6%,基本持平。在用户年龄方面,18~24 岁、25~30 岁、31~35 岁、35 岁以上的用户占比分别为 15.3%、39.0%、24.6%、21.1%。从数据可以看出,图书平台类移动阅读 APP 用户年龄向 25 岁以后用户群体扩展,占比达到 84.7%,其中 25~35 岁的用户占了 63.6%,这和

《2013—2014 中国数字出版产业年度报告》的调查结果基本一致。在职业方面，学生用户占 6.4%，企业职工占 74.1%，政府公务员占 6.1%，教师占 9.2%，其他职业人员占 4.2%；在教育程度方面，大专及以上学历占比为 12.1%，本科学历占了 75.4%，硕士学历占 11.5%，博士学历占 1.0%。

2. 图书平台类 APP 用户使用情况

用户使用情况主要从"用户最常使用的图书平台类 APP"、"您选择这个或这些图书平台类 APP 的主要原因是"和"阅读费用支出"三个方面进行调查。首先，在"用户最常使用的图书平台类 APP"排名方面，排名前五位的是 QQ 阅读（52.55%）、掌阅 iReader（50%）、91 熊猫看书（24.84%）、书旗小说（22.93%）、起点读书（21.02%），其他 APP 阅读使用排名依次为和阅读（19.11%）、安卓读书（18.47%）、多看阅读（14.33%）、开卷有益（17.83%）、爱阅读（13.06%）、网易云阅读（13.06%）、天翼阅读（7.32%）、塔读文学（7.01%）、沃阅读（4.46%）、乐阅（1.59%）、其他（1.59%）、读书巴士（1.27%）。其次，在"您选择这个或这些图书平台类 APP 的主要原因是"的调查中，有 68.47% 的用户是因为"习惯了，一直在用"，66.56% 的用户是因为图书平台类 APP"内容丰富，能满足阅读需要"，43.63% 的用户是因为"找内容方便"，说明用户对搜索的要求较高。其他原因按排名依次为"界面设计合理，能根据偏好进行个性化界面设置，阅读体验好"（35.67%）、"品牌影响力大"（32.8%）、"能用微信、QQ、微博等账号直接登陆"（26.43%）、"费用较低"（22.93%）和"身边的朋友都在用"（8.28%）；最后，在愿意支付费用方面，42.68% 的用户选择每月支付 5 元以下，愿意支付 6～10 元、11～20 元、21～30 元、30 元以上的用户分别占 34.71%、14.01%、5.73%、2.87%，说明有近 60% 的用户可以接受 6 元以上的每月花费。

3. 信度与效度检验

信度检验是指对潜变量各问项之间的一致性进行检测，通常采用 Crobach's α 系数来判断。一般认为，当 Crobach's α 系数大于 0.70 时问卷具有很高的信度。本文中各变量的 Crobach's α 系数依次为：期望确认（0.935）、感知有用性（0.915）、感知娱乐性（0.934）、服务质量（0.845）、界面质量（0.815）、内容质量（0.946）、个性化服务（0.923）、社交化互动服务（0.780）、感知费用水平（0.913）、满意度（0.945）、继续使用意愿（0.943）。以上结果反映了各个变量的问项之间具有很高的一致性。

本文的效度检验采用因子分析的方法，检测 Bartlett 球体检测值、KMO 值及因子负荷。数据分析显示，样本总体的 Bartlett 球体检验值为 8 237.147（$P = 0.000$），

KMO 值为 0.933，符合做因子分析的要求。在因子分析中，以主成分分析的方法，通过最大方差法输出旋转解，样本共析取 9 个因子，共解释了 68.35% 的方差变异。进一步对各变量问项的因子负荷进行计算，结果显示各问项的因子负荷均在 0.5 以上，而变量间的交叉因子负荷均小于 0.5，说明调查问卷中各变量具有良好的效度，适合做进一步的模型验证分析。

4. 结构模型

结构模型可以反映潜变量之间的相互影响及因果关系，一般通过计算潜变量之间的路径系数来验证模型的假设关系。本文通过 SPSS 18.0 的复回归分析计算潜变量之间的路径系数，结果如下：①期望确认与各变量间的路径系数依次为：感知有用性(0.252)、感知娱乐性(0.229)、满意度(0.372)；②感知有用性与各变量间的路径系数依次为满意度(0.236)、持续使用意愿(0.281)，感知娱乐性与各变量间的路径系数依次为满意度(0.376)、持续使用意愿(0.159)；③期望确认对感知费用水平、感知费用水平对满意度和持续使用意愿的影响并不显著；④移动阅读的质量因素与满意度之间的路径系数分别为内容质量(0.163)、界面质量(0.059)、服务质量(0.222)；⑤服务质量包括个性化服务和社交化服务两个维度，进一步研究发现，个性化服务对满意度有显著影响，而社交化互动服务对满意度的影响不显著；⑥满意度与持续使用意愿之间的路径系数为 0.418。此外，在解释的方差方面，各潜变量共同解释了 63.7% 的持续使用意愿方差变量、69.4% 的满意度方差变异(图 2)。

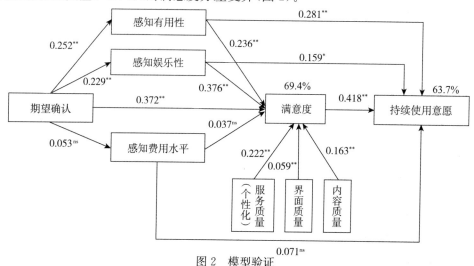

图 2　模型验证

*** 表示系数在 $P<0.001$ 下显著；** 表示系数在 $P<0.01$ 下显著；* 表示系数在 $P<0.05$ 下显著；

ns 表示不显著

五、讨　　论

从模型的实证分析结果来看，假设 H3(P＝0.115)、H7(P＝0.065)、H10(P＝0.078)、H13b(P＝0.644)未得到支持，其他的假设均得到了验证。假设 H1、H2、H4、H5、H8、H9、H11、H12、H13、H13a、H14 的显著性水平均达到了 P＝0.001，H6 的显著性水平达到了 P＝0.05，如表 1 所示。

表 1　模型显著性分析

假设	因果路径	P 值	检验结果
H1	EC→PU	0.001	支持
H2	EC→PE	0.001	支持
H3	EC→PC	0.115	不支持
H4	EC→SAT	0.001	支持
H5	PU→CI	0.001	支持
H6	PE→CI	0.05	支持
H7	PC→CI	0.065	不支持
H8	PU→SAT	0.001	支持
H9	PE→SAT	0.001	支持
H10	PC→SAT	0.078	不支持
H11	CQ→SAT	0.001	支持
H12	IQ→SAT	0.001	支持
H13	SQ→SAT	0.001	支持
H13a	CS→SAT	0.001	支持
H13b	AS→SAT	0.644	不支持
H14	SAT→CI	0.001	支持

期望确认对感知有用性、感知娱乐性、满意度有显著正向影响；感知有用性、感知娱乐性、满意度对持续使用意愿有显著正向影响。调查显示，在使用图书平台类移动阅读 APP 的主要目的中，有 82.45％的用户是为了获得新闻资讯、有 75.8％的用户是为了休憩娱乐、有 56.69％的用户是为了追书，已成习惯，此外，有 49.04％的用户是为了打发时间、有 40.45％的用户是为了"专业学习需要"，另有 34.78％的用户通过移动阅读来获得与地理位置相关的内容，这说明用户可以通过图书平台类 APP 在第一

时间获得最新的新闻、生活、娱乐、与地理位置相关及与学习相关的资讯信息，用户对有用性、娱乐性的感知得到了确认，并强化了满意度和持续使用意愿。

结构模型验证结果显示，期望确认对感知费用水平($P=0.115$)、感知费用水平对满意度($P=0.078$)与持续使用意愿($P=0.065$)的影响没有达到显著性水平。我们分析认为可能有两个方面的原因。一方面，用户在等车、乘车、等人等闲暇时间可以随时随地进行阅读，优质个性化的阅读内容，良好的网络环境，会使用户沉浸其中，感觉不到时间的流逝，从而强化用户对娱乐性、满意度的感知水平，而弱化对费用的感知；另一方面，在图书平台类 APP 中有大量的免费内容，而在流量费上，用户也可以通过包月流量或将内容下载后进行离线阅读，因此对费用并不敏感，从而降低了感知费用水平对用户满意度和持续使用意愿影响的显著性水平。

内容质量对用户满意度有显著影响，并通过满意度对持续使用意愿产生间接影响。移动阅读服务以提供内容服务为主，面对不同需求的用户，内容丰富性、及时性、个性化服务是吸引用户、留住用户的关键。例如，目前市场占有率较高的掌阅 iReader 有超过 30 万册的图书保有量，而书旗小说在拥有 12 万册图书的基础上进一步与淘宝阅读在内容开发方面进行合作，以增加图书保有量。此外，为了便于用户找到自己喜欢的内容，移动阅读服务商通过对内容合理分类、智能化搜索、排行榜推荐等服务来提升用户的体验以及满意度。研究结果显示，内容会影响用户对满意度的感知，内容品质每提升 1 个单位，用户满意度会提升 0.163 个单位。

结构模型验证结果显示，界面质量和服务质量对用户满意度有显著影响，并通过满意度对持续使用意愿产生间接影响。界面质量包含界面导航功能、界面定制化服务和版面布局设计等质量因素，良好的界面功能设计和版面布局会提升用户的满意度。调查结果表明，大多数图书平台类 APP 具有字体、字号、背景色、行间距、段间距的界面设置功能，部分 APP 提供眼睛保护模式设置(如掌阅 iReader、和阅读等)、语音朗读设置(如掌阅 iReader、和阅读、91 熊猫看书等)和仿真翻页模式设置(如书旗小说、QQ 阅读、起点读书等)，以期通过界面的定制化服务来提高用户黏性。服务质量重点考察个性化和社交化互动服务对用户满意度及持续使用意愿的影响。由表 1 可知，个性化阅读服务对用户满意度有显著正向影响，说明图书平台类 APP 服务商提供的用户订阅、个性化推荐服务得到了用户的认可，提升了用户的满意度；社交化互动服务则对用户满意度没有显著影响($P=0.644$)。我们分析可能的原因：一是用户在使用移动阅读服务时，主要目的是获取图书与资讯等内容信息，而分享、转发、评论等社交互动功能虽然能让用户有一定的互动体验，但并不是影响用户持续使用的主要因素；二是移动阅读服务中的社交互动功能并未能达到真正的社交化互动体验的需求，用户在需要进行社交化互动时可以选择更为专业的社交化工具作为替代。由此可知，本文中服务质量对满意度的影响作用主要由个性化阅读服务贡献。

六、结论与启示

本文基于期望确认模型和信息系统成功模型，结合图书平台类移动阅读 APP 的特征，构建了用户持续使用行为的研究模型，通过实证分析得到了以下结论。

(1)扩展后的期望确认模型适用于移动阅读服务用户持续使用意愿的研究，传统信息系统持续使用理论中的满意度、感知有用性和期望确认等变量仍是影响用户持续使用意愿的主要因素。

(2)感知费用水平对用户满意度和持续使用意愿的影响不显著。这可能与本文所选择的图书平台类移动阅读 APP 用户作为研究对象有一定的关系，此结果仅限于特定的研究情境，不可照搬。

(3)移动阅读服务的内容丰富性与个性化等内容质量、界面质量对用户满意度有显著正向影响，并通过满意度影响用户持续使用意愿。而社交化互动服务则对用户满意度没有显著影响，移动阅读服务商应对用户的行为进行更为深入的分析，把握用户的真正需求。

尽管本文得到了一些有意义的结果，但仍有局限性，如本文得到社交化互动服务对用户满意度没有显著影响这一结论，但并未能对其原因进行更进一步的探讨，因此在以后的研究中可对其进行更深入的研究。

参 考 文 献

艾瑞咨询集团 . 2015-12-24. 2015 中国移动互联网咨讯生活白皮书[R/OL]. http：//www. iresearch. com. cn/report/2510. html.

毕秋敏 . 2013. 移动阅读新模式——基于兴趣与社交的社会化阅读[J]. 出版与发行研究，(3)：49-52.

陈丹，程小雨 . 2013. 我国儿童数字化阅读接受模式研究[J]. 中国出版，(2)：53-59.

戴和忠 . 2014. 网络推荐和在线评论对数字内容商品体验消费的整合影响及实证研究[D]. 浙江大学博士学位论文 .

杜建华 . 2013. 移动阅读发展趋势及当下对策[J]. 中国出版，(11)：48-51.

胡莹. 2013. 移动微博持续使用行为影响因素研究[D]. 北京邮电大学硕士学位论文.

刘鲁川, 孙凯. 2011. 移动数字阅读服务用户采纳后持续使用的理论模型及实证研究[J]. 情报研究, 55(10): 78-82.

盛玲玲. 2008. 移动商务用户继续使用意向研究——基于感知价值的分析[D]. 浙江大学硕士学位论文.

苏帆帆. 2011. 移动阅读业务持续使用行为影响因素研究[D]. 北京邮电大学硕士学位论文.

速途网. 2014-11-03. 2014年Q3移动阅读APP市场分析报告[R/OL]. http://www. sootoo. com/content/526827. shtml.

杨梅. 2009. 运用科技接受模型分析手机电子书阅读行为[J]. 河南图书馆学刊, 29(4): 50-52.

易观智库. 2015-01-15. 《中国移动阅读市场趋势预测2014—2017》[R/OL]. http://www. analysys. cn/yigd/6330. shtml.

张立. 2014. 2013—2014中国数字出版产业年度报告[M]. 北京: 中国书籍出版社.

张漩, 吴清烈. 2010. 基于扩展ECM的移动商务用户继续使用意向研究[J]. 太原理工大学学报, 41(1): 28-32.

CNNIC. 2014-07-21. 第32次中国互联网络发展状况统计报告[R/OL]. http://www. cnnic. net. cn/hlwfzyj/hlwxzbg/hlwtjbg/201407/P020140721507223212132. pdf.

Bhattacherjee A. 2001. An empirical analysis of the antecedents of electronic commerce service continuance[J]. Decision Support Systems, 32(2): 201-214.

Bhattacherjee A, Perols J, Sanford C. 2008. Information technology continuance: a theoretic extension and empirical test[J]. Journal of Computer Information Systems, 3(2): 17-26.

Chiu M C, Hsu M, Wang E T G. 2006. Understanding knowledge sharing in virtual communities: an integration of social capital and social cognitive theories decision support system[J]. Decision Support Systems, 42(3): 1872-1888.

Davis F D. 1989. Perceived usefulness, perceived ease of use, and user acceptance of information technology[J]. MIS Quarterly, 13(3): 319-340.

DeLone W H, McLean E R. 2003. The DeLone and McLean Model of information systems success: a ten-year update[J]. Journal of Management Information Systems, 22: 9-30.

Hong S J, Tam K Y, Kim J. 2006. Mobile data service fuels the desire for uniqueness[J]. Communications of the ACM, 49(9): 89-94.

Hung M C, Hwang H G, Hsieh T C. 2007. An exploratory study on the continuance of mobile commerce: an extended expectation-confirmation model of information system use[J]. International Journal of Mobile Communications, 5(4): 409-422.

Inseong L, Jaesoo K, Jinwoo K. 2007. Use contexts for the mobile internet: a longitudinal study monitoring actual use of mobile internet services[J]. International Journal of Human-Computer Interaction，18(3)：269-292.

Kuo Y F，Yen S N. 2009. Towards an understanding of the behavioral intention to use 3G mobile value-added services[J]. Computers in Human Behavior，25(1)：103-110.

Lee K C，Chung N，2009. Understanding factors affecting trust in and satisfaction with mobile banking in Korea：a modified DeLone and McLean's model perspective[J]. Interacting with Computers，21 (5～6)：385-392.

Liao C，Palvia P，Chen J L. 2009. Information technology adoption behavior life cycle：toward a technology continuance theory(TCT)[J]. International Journal of Information Management，29(4)：309-320.

Luarn P，Lin H H. 2005. Toward an understanding of the behavior intention to use mobile banking[J]. Computers in Human Behavior，21(6)：873-891.

Thong J Y L，Hong S J，Tam K Y. 2006. The effects of post-adoption beliefs on the expectation-confirmation model for information technology continuance[J]. International Journal of Human-Computer Studies，64(9)：799-810.

Wu C G，Gerlach J H，Young C E. 2007. An empirical analysis of open source software developers' motivations and continuance intentions[J]. Information & Management，44(3)：253-262.